同济博士论丛
TONGJI Dissertation Series
总主编 伍 江 副总主编 雷星晖

汪达钦 霍佳震 著

多需求类型库存系统分配策略研究

On Inventory Rationing Policies with Multiple Demand Classes

同济大学出版社
TONGJI UNIVERSITY PRESS

内 容 提 要

本书以企业运营管理中存在的个性化需求为背景，对多需求类型库存系统的分配策略进行研究。主要介绍混合需求模式下的库存分配策略，使用动态规划法构建动态模型，并以此设计了启发式算法，以成本的持续下降来决定每次订货所考虑的时期数量。不同分配反应下的库存分配策略，通过共享库存来节约成本，通过关键库存水平来调节不同级别需求类型的服务水平。混合缺货控制方式下的库存分配策略，通过引入在确定型需求模型中得到的性质，提出启发式算法来计算随机模型。动态分配策略，通过比较满足好拒绝低级别需求的成本来指定分配策略。本书可为满足客户个性化需求运营管理提供策略性建议和参考。

图书在版编目(CIP)数据

多需求类型库存系统分配策略研究 / 汪达钦，霍佳震著. —上海：同济大学出版社，2017.8
(同济博士论丛/伍江总主编)
ISBN 978-7-5608-6869-1

Ⅰ. ①多… Ⅱ. ①汪… ②霍… Ⅲ. ①库存—仓库管理—研究 Ⅳ. ①F253

中国版本图书馆 CIP 数据核字(2017)第 076135 号

多需求类型库存系统分配策略研究

霍佳震　审　汪达钦　著

出 品 人　华春荣　　责任编辑　孙宗胥　熊磊丽
责任校对　徐春莲　　封面设计　陈益平

出版发行　同济大学出版社　　www.tongjipress.com.cn
(地址：上海市四平路 1239 号　邮编：200092　电话：021-65985622)
经　　销　全国各地新华书店
排版制作　南京展望文化发展有限公司
印　　刷　浙江广育爱多印务有限公司
开　　本　787 mm×1092 mm　1/16
印　　张　9.75
字　　数　195 000
版　　次　2017 年 8 月第 1 版　2017 年 8 月第 1 次印刷
书　　号　ISBN 978-7-5608-6869-1

定　　价　54.00 元

"同济博士论丛"编写领导小组

“同济博士论丛”编辑委员会

袁万城　莫天伟　夏四清　顾　明　顾祥林　钱梦騄
徐　政　徐　鉴　徐立鸿　徐亚伟　凌建明　高乃云
郭忠印　唐子来　阎耀保　黄一如　黄宏伟　黄茂松
戚正武　彭正龙　葛耀君　董德存　蒋昌俊　韩传峰
童小华　曾国荪　楼梦麟　路秉杰　蔡永洁　蔡克峰
薛　雷　霍佳震

秘书组成员：谢永生　赵泽毓　熊磊丽　胡晗欣　卢元姗　蒋卓文

总 序

在同济大学110周年华诞之际，喜闻“同济博士论丛”将正式出版发行，倍感欣慰。记得在100周年校庆时，我曾以《百年同济，大学对社会的承诺》为题作了演讲，如今看到付梓的“同济博士论丛”，我想这就是大学对社会承诺的一种体现。这110部学术著作不仅包含了同济大学近10年100多位优秀博士研究生的学术科研成果，也展现了同济大学围绕国家战略开展学科建设、发展自我特色，向建设世界一流大学的目标迈出的坚实步伐。

坐落于东海之滨的同济大学，历经110年历史风云，承古续今、汇聚东西，秉持“与祖国同行、以科教济世”的理念，发扬自强不息、追求卓越的精神，在复兴中华的征程中同舟共济、砥砺前行，谱写了一幅幅辉煌壮美的篇章。创校至今，同济大学培养了数十万工作在祖国各条战线上的人才，包括人们常提到的贝时璋、李国豪、裘法祖、吴孟超等一批著名教授。正是这些专家学者培养了一代又一代的博士研究生，薪火相传，将同济大学的科学研究和学科建设一步步推向高峰。

大学有其社会责任，她的社会责任就是融入国家的创新体系之中，成为国家创新战略的实践者。党的十八大以来，以习近平同志为核心的党中央高度重视科技创新，对实施创新驱动发展战略作出一系列重大决策部署。党的十八届五中全会把创新发展作为五大发展理念之首，强调创新是引领发展的第一动力，要求充分发挥科技创新在全面创新中的引领作用。要把创新驱动发展作为国家的优先战略，以科技创新为核心带动全面创新，以体制机制改革激发创新活力，以高效率的创新体系支撑高水平的创新型国家建设。作为人才培养和科技创新的重要平台，大学是国家创新体系的重要组成部分。同济大学理当围绕国家战略目标的实现，作出更大的贡献。

大学的根本任务是培养人才，同济大学走出了一条特色鲜明的道路。无论是本科教育、研究生教育，还是这些年摸索总结出的导师制、人才培养特区，“卓越人才培养”的做法取得了很好的成绩。聚焦创新驱动转型发展战略，同济大学推进科研管理体系改革和重大科研基地平台建设。以贯穿人才培养全过程的一流创新创业教育助力创新驱动发展战略，实现创新创业教育的全覆盖，培养具有一流创新力、组织力和行动力的卓越人才。“同济博士论丛”的出版不仅是对同济大学人才培养成果的集中展示，更将进一步推动同济大学围绕国家战略开展学科建设、发展自我特色、明确大学定位、培养创新人才。

面对新形势、新任务、新挑战，我们必须增强忧患意识，扎根中国大地，朝着建设世界一流大学的目标，深化改革，勠力前行！

万　钢

2017 年 5 月

论丛前言

承古续今，汇聚东西，百年同济秉持“与祖国同行、以科教济世”的理念，注重人才培养、科学研究、社会服务、文化传承创新和国际合作交流，自强不息，追求卓越。特别是近20年来，同济大学坚持把论文写在祖国的大地上，各学科都培养了一大批博士优秀人才，发表了数以千计的学术研究论文。这些论文不但反映了同济大学培养人才能力和学术研究的水平，而且也促进了学科的发展和国家的建设。多年来，我一直希望能有机会将我们同济大学的优秀博士论文集中整理，分类出版，让更多的读者获得分享。值此同济大学110周年校庆之际，在学校的支持下，“同济博士论丛”得以顺利出版。

“同济博士论丛”的出版组织工作启动于2016年9月，计划在同济大学110周年校庆之际出版110部同济大学的优秀博士论文。我们在数千篇博士论文中，聚焦于2005—2016年十多年间的优秀博士学位论文430余篇，经各院系征询，导师和博士积极响应并同意，遴选出近170篇，涵盖了同济的大部分学科：土木工程、城乡规划学(含建筑、风景园林)、海洋科学、交通运输工程、车辆工程、环境科学与工程、数学、材料工程、测绘科学与工程、机械工程、计算机科学与技术、医学、工程管理、哲学等。作为“同济博士论丛”出版工程的开端，在校庆之际首批集中出版110余部，其余也将陆续出版。

博士学位论文是反映博士研究生培养质量的重要方面。同济大学一直将立德树人作为根本任务，把培养高素质人才摆在首位，认真探索全面提高博士研究生质量的有效途径和机制。因此，“同济博士论丛”的出版集中展示同济大学博士研究生培养与科研成果，体现对同济大学学术文化的传承。

“同济博士论丛”作为重要的科研文献资源，系统、全面、具体地反映了同济大学各学科专业前沿领域的科研成果和发展状况。它的出版是扩大传播同济科研成果和学术影响力的重要途径。博士论文的研究对象中不少是“国家自然科学基金”等科研基金资助的项目，具有明确的创新性和学术性，具有极高的学术价值，对我国的经济、文化、社会发展具有一定的理论和实践指导意义。

“同济博士论丛”的出版，将会调动同济广大科研人员的积极性，促进多学科学术交流、加速人才的发掘和人才的成长，有助于提高同济在国内外的竞争力，为实现同济大学扎根中国大地，建设世界一流大学的目标愿景做好基础性工作。

虽然同济已经发展成为一所特色鲜明、具有国际影响力的综合性、研究型大学，但与世界一流大学之间仍然存在着一定差距。“同济博士论丛”所反映的学术水平需要不断提高，同时在很短的时间内编辑出版 110 余部著作，必然存在一些不足之处，恳请广大学者，特别是有关专家提出批评，为提高同济人才培养质量和同济的学科建设提供宝贵意见。

最后感谢研究生院、出版社以及各院系的协作与支持。希望“同济博士论丛”能持续出版，并借助新媒体以电子书、知识库等多种方式呈现，以期成为展现同济学术成果、服务社会的一个可持续的出版品牌。为继续扎根中国大地，培育卓越英才，建设世界一流大学服务。

伍　江

2017 年 5 月

前言

由于消费者需求个性化的增强和市场竞争日趋激烈，企业越来越多地考虑不同客户的需求特性来调整自身运营。基于此背景，本书考虑了面对多种需求类型的库存系统，试图设计合理的分配策略从而在一个库存系统中区分提供给不同客户的服务，以满足他们的个性需求，同时也通过库存共享的方式实现规模经济来降低成本。

过去的研究为了初步探索多需求类型库存分配策略的性质，都只考虑了较为简单的需求特性，实际上客户类型之间的区别有很多种。而多需求类型问题的研究特点就在于考虑不同需求类型的特性，因此本书第一部分主要考虑了三种源于现实问题的需求特性。然后分别针对问题的性质设计了相应的分配策略。由于复杂的模型往往给获取最优解带来不便，因此我们利用各问题的性质设计了启发式算法，从而在较短的时间内获得(近似)最优解。

- 考虑了需求分布不同的两种需求类型，一种是给出了未来一定时期内的时变需求，一种是随机需求。为了利用已给出的部分需求信息，采用随机动态规划方法来求解最优分配方案。考虑到动态规划法的计算时间过长，以成本持续下降为准则设计了一种启发式算法能够快速求得近似最优解，并且在时域滚动的情况下优于动态规划法。

- 考虑了对于分配策略反应不同的两种需求类型，低优先级客户在分配后会为了恢复原有的服务水平而在有货时提高需求量，形成提前购买行为。由于原有分配策略利用了库存共享的方式来节约成本，这一行为会对高级别客户造成损害。因此设计了一种固定数量策略来约束低级别需求的最大满足量，防止其过度占用高级别客户的库存。分析结果表明在低级别客户需求变动的情况下，后者能够很好地给高级别客户提供保护。
- 考虑了缺货控制方式不同的两种需求类型，一种是通过缺货成本来限制缺货数量，一种是直接约定最低服务水平，从而形成一种混合缺货控制策略模型。采用了门槛清除策略来构建可以分析的近似模型，并利用确定型模型中的重要性质设计了求解随机型模型最优参数的启发式算法。分析结果表明启发式算法能够在较短时间内获取非常好的近似最优解，而混合机制（利用门槛机制获取的参数来实行优先级机制）能够在所有参数环境下都获得非常好的成本和服务水平。

进一步研究发现，之前的库存分配策略都是采用了静态分配策略。由于静态策略无法适应随机需求所带给系统的波动，因此更好的方法是根据系统的状态实时制定分配决策。本书最后对动态分配策略进行了研究。首先，基于库存系统的性质设计了订单发出前和订单发出后的近似静态分配水平的简便公式，能够大大简化最优化参数的计算过程。然后，通过比较接受和拒绝低级别需求的成本设计了一种动态分配策略，并利用该策略的性质得到了动态分配水平的计算方法。该方法和以往研究相比既容易计算又容易观察分配策略的性质，并在数值分析中明显优于静态策略。

目 录

插图索引

表格索引

第1章 绪论

1.1 研究背景

当前企业运营管理越来越多地考虑不同客户的个性需求。一方面，随着人们物质生活的质量逐步提高，人们已经不满足于大众化的产品，开始注重个性需求。另一方面，市场竞争越来越激烈，企业为了从红海中杀出重围，也开始更多地关注客户的需求特点，调整自身运营来满足客户需求。与此同时，信息技术在企业实际工作的应用已经非常成熟，完全能够支撑各种高级运营管理控制的要求。多需求类型的库存管理问题就是在这种背景下孕育而生。“多需求类型”是这一问题的主要关键字，因此，本书将首先介绍其概念特点和实际问题的来源，然后对这一问题在相关研究领域中进行定位，明确它和其他问题的关系，最后将给出本书研究的问题和思路。

1.1.1 多需求类型及其特性

在实际工作生活中，需求和供给都充满了不确定性。运营管理优化的目标之一是以较小的代价让供给匹配需求。因此清楚地了解需求是非常重要的，人们对于需求特征的研究也在不断进步中。在过去的大多数问题中，需求往往是作为外生变量，学者们寻找各种模型来刻画现实中的需求，并输入运作模型，然后在一定的约束下优化决策的制订，从而使得供给能够较好地匹配需求，并达到各种运营指标。而对于需求进一步的研究发现，客户的需求往往也受到供给方各种因素的影响，例如价格—需求关系等，因此对于需求的刻画又融入了供给因素，使得需求成为模型中的内生变量。然而，再进一步观察现实中的需求可发现，需求是来自不同源头的，其被激发的原因各有不同，使得各种需求的特性是不同的，例如激发需求的速度不同（需求率）、需求的要求不同（质量、时间、价格）等。如果按照需求的特性对各种需求进行归类，就可以得到多种需求类型（Multiple demand classes）。如果说是不同的顾客产生了不同的需求，那么也可以称为多种顾客类型（Multiple customer classes）。在过去的实际管理和学术研究中大多假设需求都是同质的，供应方对所有需求一视同仁地给予满足，这也是工业时代大规模制造降低成本理念的产物。而在物质丰富的今天，人们更加注重个性需求，从而要求运营管理者区别对待各类需求。本书关注的问题就是当运营管理面对多种需求类型时应当如何优化决策的制定。

不同的需求类型可以在很多方面有所区别，根据实际情况，列举了以下主要方面：

- 需求率：不同需求类型在不同时期的需求量可以是不同的，有的客户群需求比较大，有的则比较小。
- 价格：不同客户可以承受的价格也是不同的，这点在实际生活中比较普遍，同样的产品在不同的地点所售价格经常不同。
- 缺货反应：当需求遭遇缺货时，往往有多种反应，有的客户愿意等待，那么该需求将延误满足（Backorder，Backlogged）。而有的客户不愿意等待，那么这个需求就被丢失了（Lost sales）。缺货丢失还有另外一种情况是，供应方从其他渠道调动资源满足了需求，那么对目标库存系统来说也等同于需求丢失。

- 缺货成本：当缺货发生时，无论是何种缺货反应，客户都会承受一定的缺货损失。这种损失可能是无形的，是供应方的一种机会成本，也可能是有形的，是对供应方的一种资金惩罚。不同的客户对于缺货成本的衡量往往是不同的。
- 缺货处理方式：或者说是缺货控制方式。不同的客户对于缺货的控制是不同的。有的采用缺货成本的方式来约束缺货数量的大小。而有的客户则直接约定服务水平来直接限制缺货数量。
- 配送提前期：该提前期有别于供应方的订货提前期。它是指客户愿意等待的配送时间。有的客户愿意等得更久一点，而有的要货比较急。那么在库存紧张或者配送能力不足时就应当区别对待。

根据不同的具体问题，我们还可以考虑更多的差别因素。这些不同的特性非常重要，因为我们在模型中考虑什么样的特性，就需要制订针对性的策略来处理客户之间的差异。这也是本书第一大部分主要关注的问题。

1.1.2　问题的实际来源和对于企业运营的影响

多需求类型问题源于许多企业实际面对的问题，主要有以下几大类。

（1）不同销售渠道

目前企业都具有多种渠道来销售产品，不同的渠道往往对应着不同类型的客户，其需求的特性也有所不同。这就要求企业要区别对待，提供相应的服务水平。

案例 1.1：当前电子商务在中国蓬勃发展，越来越多的企业除了通过传统的实体店销售产品，也开设了网上购物渠道。然而来自这两种渠道的顾客其消费行为和要求是不同的，其自然而然地形成了两种不同的客户群。

(2) 客户分类

这是一种企业主动采取的行动。每一家企业都会拥有许多规模不同的客户，企业会根据客户的重要程度等指标，对客户进行分类，从而实现差别化对待。

案例 1.2： Kleijn 和 Dekker(1998)给出了一个例子。一家飞机部件维修公司有两类客户，一类是签订了合同，要求公司在 95%的情况下都能够在 24 小时内提供零配件替换服务；一类则没有签订合同，只是时不时提出购买零件的零散需求。为了保证实现第一类客户的要求，管理者往往在第二类客户的需求出现时，按照现实情况和经验来决定是否要满足它。

案例 1.3： 现在企业非常流行发行各种会员卡、制定客户评级等，就是典型的企业分类行为，这样也形成了多种需求类型。企业将根据客户群的不同提供针对性的服务。

(3) 产品多用途

某些产品，特别是零配件产品，其用途有多种。这样不同的用途对于其库存来说就形成了不同的需求类型。

案例 1.4： 在军事领域，许多武器需要例行维护，更换一些零件。而某些零件是通用的。当零件数量有限时，肯定优先满足一些关键武器的维护需求，再满足一般武器的维护需求。

案例 1.5： 许多制造企业如汽车企业的一些零配件产品既可以用来生产新产品，又可以用作维修替换使用。一般来说肯定先满足生产的需求，因为生产停滞的成本是巨大的。而且两种用途的需求量也是不同的，从而形成了不同的需求类型。另外，Dekker 等(1998)在一家化工厂也发现了类似的问题。

（4）紧急需求和普通需求

这主要从需求满足的紧迫程度来分类。有些需求比较紧迫，因此具有较高的优先级，需要安排在普通需求之前进行满足。

案例 1.6：考虑两级库存系统，一个配送中心向多个零售商供货。在某些情况下，客户的需求会直接发往配送中心，这时相对零售商补货需求来说，客户的直接需求就更为紧迫，这类需求是缺货丢失的，而零售商的补货是可以延误的。因此配送中心将优先满足直接需求。

多需求类型的存在对于企业的运营既是挑战也是机会。首先，由于不同需求类型存在上述不同的特性，要求企业不能再单一化满足，而是要更多地考虑客户的个性需求。这对企业生产安排和资源调配提出了很高的要求。其次，需求类型的数量按照划分的粗细区别很大，企业也不可能考虑所有需求类型的特性，因此要求企业能够合理、科学的对客户进行划分，并有选择有重点的进行满足。第三，在明确了需求类型数量和需要考虑的特性以后，如何科学、经济地调配资源来满足需求也存在着大量值得研究的问题。因此，管理多需求类型对企业的运营能力提出了很高的要求。

反过来，明确多需求类型的存在，满足多需求类型的要求对企业又是一种机会。企业可以借此明确各类客户的价值，并按照其价值提供相应等级的服务。这样不仅能够更好地满足高级别的客户，又能够降低花费在普通客户上的不必要的成本，从而达到优化运营的效果。

1.1.3 多需求类型在运营管理中的研究

在运营管理方向对于多需求类型问题的研究已经开展了多年，针对具体问题性质的不同，其衍生出的研究问题也不同，根据最主要的两个特性将运营管理中的多需求类型问题划分为4块。

在图1-1中，按照资源是否可以补充、价格是否可以调整将问题分为4块。

	可以调整价格	不可以调整价格
可以补货	利用价格影响需求从而实现分配	多需求类型库存分配
不可以补货	收益管理	能力管理

图 1-1　多需求类型运营问题

- 当资源不可补充、价格不可调整时，问题变成了能力管理问题，即在不同需求类型之间优化能力的调配。这类问题往往存在于生产能力的管理上，当能力有限时需要在不同优先级订单中进行合理的排序和分配。
- 当资源不可补充、价格可以调整时，变成收益管理问题，即通过价格的引导让资源在不同客户群之间合理分配。这类问题有飞机座位管理、酒店客房管理等经典问题，已经有了大量深入的研究。其通过价格的调整来改变客户的消费行为，并合理地分配资源使得企业的收益最大化。
- 当资源可以补充，价格不可以调整时，变成了多需求类型库存分配问题。这也是本书研究的重点问题，其目的是在现有库存订货策略下，再找到一种合理的分配策略，从而在一个库存系统中区分对不同客户的服务，并降低成本。
- 当资源可以补充，价格可以调整时，成为一个目前尚未得以研究的问题，即通过价格的调整来改变需求模式，从而实现库存的分配。这种方法和前一种具有不同的理念，孰优孰劣也是未来值得研究的问题。

通过上述结构，明晰了所研究问题在运营管理问题中的位置，以及和其他问题的关系和区别。这也有利于利用其他领域相关成熟方法和工具来研究新问题。

1.1.4 多需求类型库存管理问题

多需求类型库存管理是指库存系统面对多个不同的需求类型，各种类型具有不同的特性和要求。管理该类库存系统的目的是找到合适的策略，使得在一个库存系统中能够同时满足多个需求类型的要求，并加以区分，同时还能够利用库存共享（Inventory pooling）达到规模效应，从而降低成本。

过去对于该类问题主要有两种管理方法。第一种方法是按照多需求类型的数量，将现有库存系统切分为多个子系统，每一个子系统对应于一种需求类型，并按照该需求类型的要求进行独立运作。这种方法的好处是便于管理，能够很容易实现针对性的服务。然而其缺点也非常明显。由于各个系统独立运作，使得在订货时缺乏规模经济，而管理时又无法利用共享库存来降低各自风险，因而会在各个子系统导致非常高的库存，并产生高成本。第二种方法是在一个库存系统内满足所有需求类型，但提供的服务水平则是按照优先级最高的需求类型的要求来提供。这种方法克服了第一种方法缺乏规模经济的缺点，它能够通过共享库存来降低各种需求类型缺货的风险，并且一个库存系统要比多个库存系统更容易管理。但这种方法的缺点也是显而易见的。为了保证高级别客户的服务水平，它向所有的客户都提供了最高服务，相当于给许多不那么重要的客户提供了过高的服务水平，增加了许多不必要的费用。因此这两种方法都有所欠缺，这也激发了学界对更好的管理方法的研究。

在本书的几部分研究中，主要考虑两种需求类型，见图 1－2，目的在于分析和理解分配策略的运作机理和对于系统的影响，在部分章节中也会给出 N 种需求类型下的解决方案。在实际问题中，可能存在两种以上的需求类型，但主要还是以第二、第三种为主，因为如何科学地划分

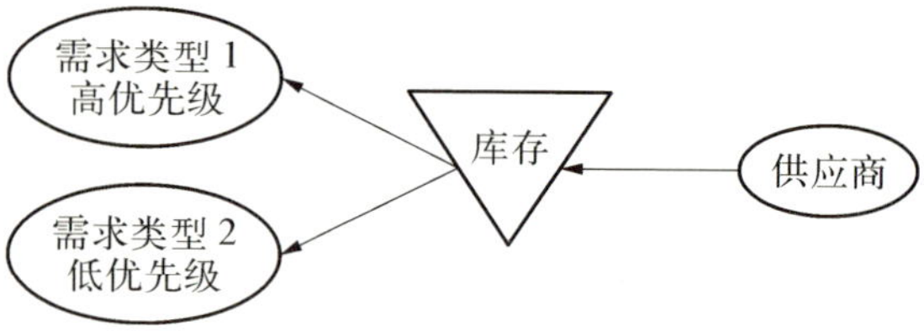

图 1-2　两种需求类型库存结构图

需求类型本身也是一大问题，划分的过细容易给管理上造成困难。

1.2　相关文献综述

多需求类型库存分配问题的主要研究目的是得到合理的分配策略，并获取最优的控制参数。已有许多研究从各种不同的模型和环境出发来研究分配策略。Teunter 和 Haneveld（2008）提出了库存分配模型 6 个重要的特性，并对当时部分文献进行了归类，我们将在此基础上对其进行补充，并将本书的几项研究在其中进行了定位。其归类各项研究的特性有：

- 系统：库存系统、按库存生产（Make-to-stock）/排队系统。该特性是最重要的，因为目标系统的不同决定了研究的目的和方法的不同。在按库存生产/排队系统系统中，分配策略主要和生产的订单排序有关，因此该类问题和调度问题结合更紧密。而本书主要关注于库存系统问题上。
- 缺货处理：缺货延误、缺货丢失。这两种处理方式在模型构建上会有较大的不同。缺货延误的成本除了和件数相关外，还和延误的时间相关，因此它和库存成本的维度是相同的，在成本平衡时具有对称的特性。然而缺货丢失则只和数量相关，和时间无关。

在任意时间缺货，其缺货成本都是相同的，因此它和库存成本不在一个维度上，其模型的特性和缺货延误有很大的不同。

- 需求类型数量：2 种需求类型、N 种需求类型。2 种需求类型下，只需要一条分配水平线，因此模型相对比较简单，容易观察出分配策略的性质。而 N 种需求类型则需要 $N-1$ 条分配线，其模型相对比较复杂。大多数 2 种需求类型的研究都可以推广到 N 种的情况。而实际中需求类型也不应划分的过多，不然也容易造成混乱。
- 分配策略：共有三种策略。一是不分配策略，即平等考虑不同的需求类型。二是静态分配策略，即设定一条静态分配库存水平，其不随时间变动的，当库存降到该水平时，停止向相应级别的需求类型供货。三是动态分配策略，即分配水平是随时间变动的，这是对静态策略的改进，因为当需求是随机时，系统的状态是千变万化的，因此更好的策略是实时根据系统的状态来决定分配与否。
- 订货策略：不包含订货策略、包含订货策略（Base-stock 策略，(Q, r)策略，(s, S)策略）。
- 检查策略：周期型检查、连续型检查（离散的、连续的）。在离散时间模型下，其问题的求解主要依赖于动态规划方法，往往造成求解时间过长。

本书将相关领域绝大多数论文按照这几点特性进行了归类，见表 1－1。

表 1－1　相关文献归类

Paper	系统	缺货缺货	需求数量	分配策略	订货策略	检查策略
Carr 和 Duenyas(2000)	生产	丢失	2	动态分配	是	连续
Cattani 和 Souza(2002)	生产	延误/丢失	2	不分配/静态	是	连续

续　表

Paper	系统	缺货缺货	需求数量	分配策略	订货策略	检查策略
de Vericourt 等(2001)	生产	延误	N	不分配/静态	是	连续
de Vericourt 等(2002)	生产	延误	N	静态	是	连续
Enders 等(2006)	生产	延误	2	静态	是	连续
Gayon 等(2004)	生产	延误	N	动态分配	是	连续
Ha(1997a)	生产	丢失	N	静态	是	连续
Ha(1997b)	生产	延误	2	动态分配	是	连续
Ha(2000)	生产	丢失	N	静态/动态	是	连续
Lee 和 Hong(2003)	生产	丢失	N	静态	是	连续
Axsater 等(2004)	库存	丢失	N	静态	是	连续
Ayanso 等(2006)	库存	丢失	N	静态	是	连续
Cohen 等(1988)	库存	丢失	2	静态	是	周期
Dekker 等(2002)	库存	丢失	N	静态	是	连续
Evans(1968)	库存	丢失	2	静态	否	周期
Frank 和 Zhang(2003)	库存	丢失	2	静态	是	周期
Melchiors(2003)	库存	丢失	N	动态	是	连续
Melchiors 等(2000)	库存	丢失	2	静态	是	连续
Mollering 和 Thonemann (2008)	库存	延误	2	静态	是	周期
Mollering 和 Thonemann (2010)	库存	延误	2	静态	是	周期
Topkis(1968)	库存	丢失	N	静态	否	周期
Veinnot(1965)	库存	丢失	N	不分配	否	周期
Arslan 等(2005)	库存	延误	N	静态	是	连续

续 表

Paper	系统	缺货 缺货	需求 数量	分配 策略	订货 策略	检查 策略
Dekker 等(1998)	库存	延误	2	静态	是	连续
Deshpande 等(2003)	库存	延误	2	静态	是	连续
Fadiloglu 和 Bulut(2010)	库存	延误/丢失	2	动态	是	连续
Haynsworth 和 Price(1989)	库存	延误	N	动态	否	周期
Kaplan(1969)	库存	延误	2	动态	否	周期
Moon 和 Kang(1998)	库存	延误	N	不分配/静态	是	连续
Nahmias 和 Demmy(1981)	库存	延误	2	不分配/静态	是	连续
Tempelmeier(2006)	库存	延误	2	不分配/静态	是	周期
Topkis(1968)	库存	丢失	N	动态	否	周期
本书第 2 章	库存	丢失	2	静态	是	周期
本书第 3 章	库存	丢失	2	静态	是	连续
本书第 4 章	库存	延误	2	静态	是	连续
本书第 5 章	库存	丢失	2	静态/动态	是	连续

本书研究的问题包含周期型检查策略和连续型检查策略下的分配问题，也将探讨动态分配策略，本书将从以下几个方面来综述过去的研究。

(1) 周期型检查

对于多需求类型库存分配策略的研究最早始于 1965 年，Veinott(1965)首次在经典库存模型中引入多需求类型的概念。他考虑了在周期检查策略下采用 base-stock 策略的系统，其面对了 n 种缺货成本不同的需求类型，并首次引入了关键水平策略(critical level policy)来作为分配策略，使得在库存系统中可以针对不同客户类型提供不同的服务水平。本书将该方面研究的脉络图做如下梳理(图 1-3)。

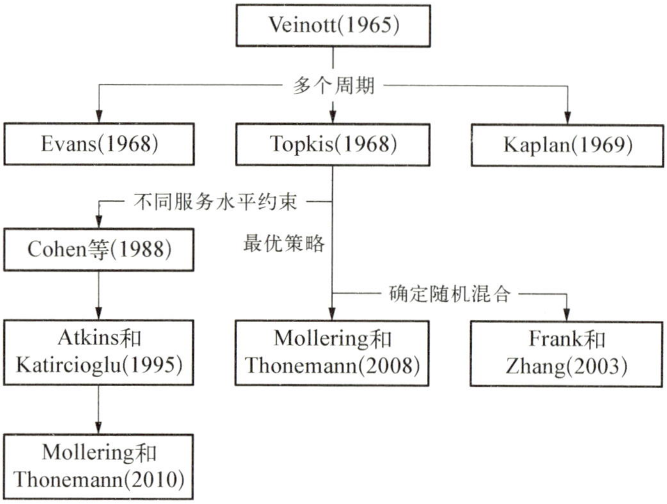

图 1－3　周期型检查策略下的库存分配研究脉络

Topkis(1968)随后也研究这一关键水平策略。在周期型检查系统中，其设定了 $n-1$ 条关键水平来处理 n 种需求，只有当没有更高级别的需求存在并且库存高于相应的关键水平，指定级别的需求才能得到满足。作者还将周期划分为多个小间隔来动态的调整关键水平，发现关键水平时随着时间下降的。这也是动态分配策略最早的研究。独立于 Topkis 的工作，Evans(1968)和 Kaplan(1969)也得到了相同的结果。

Atkins 和 Katircioglu(1995)分析了多需求下周期型库存系统，各类需求都有最小服务水平，并设计了启发式的分配策略。Mollering 和 Thonemann (2008)考虑了一个周期型库存系统，面对缺货成本不同的多种需求类型。其使用多维 Markov 链来构建模型，采用关键水平策略。并使用样本路径(Sample path)方法来证明了一些性质。尽管成本函数不是凸性的，他们设计了最优算法来得到最优解。Mollering 和 Thonemann (2010)又进一步考虑了两种需求类型都具有服务水平约束的情况。

评注：当采取周期型检查策略时，大多数模型都假设需求是在分配之前就已知的，也就是说当进行库存分配时，其分配对象（各类型的需求数量）已知，在这种情况下只要按照需求优先级的高低来按序满足即可。

（2）连续型检查

在连续型检查策略下，需求是随时间不断发生的。因此在分配策略制定时，并不知道其分配的对象和数量，因此我们的目的是找到合适的策略，使得在此基础上期望总成本最小。本书将该方面研究的脉络图做如下梳理（参见图1-4）：

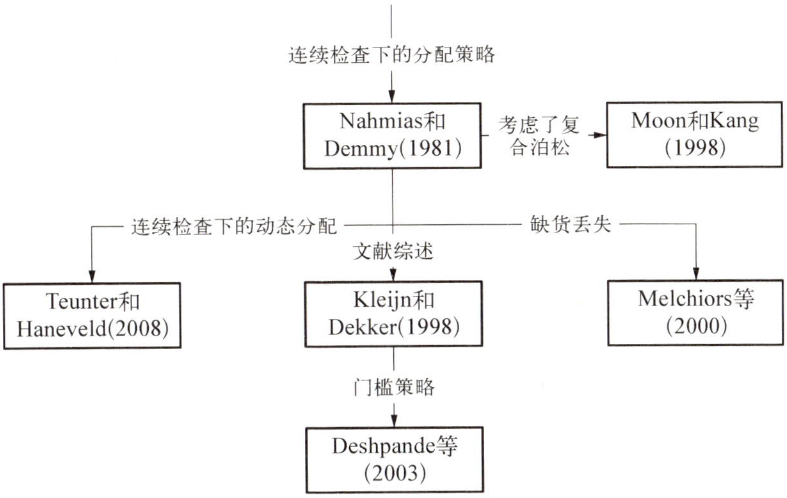

图1-4 连续型检查策略下的库存分配研究脉络

Nahmias和Demmy(1981)第一个在连续检查策略下研究两个需求类型，其引入了关键水平策略，见图1-5。每当库存水平达到一条分配水平时，就停止向相应的需求类型供货。Nahmias和Demmy(1981)将其在周期检查策略下缺货和服务水平的表达式拓展到了连续检查策略下。但在连续检查模型中假设只有一个在外订单，从而避免了补货到达时的分配问题。

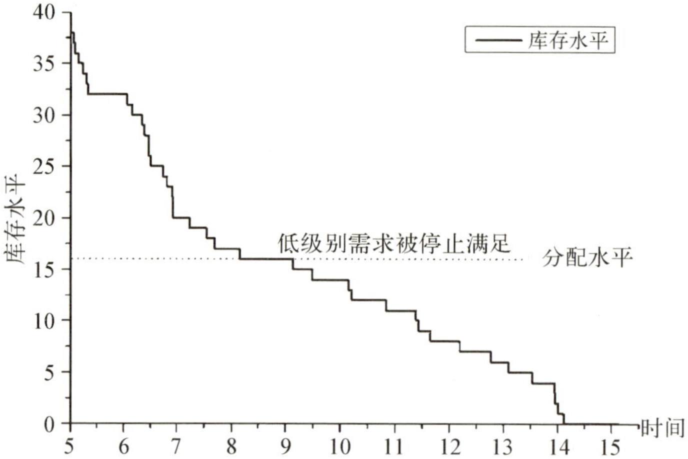

图 1-5 关键水平策略

Moon 和 Kang(1998)则将这一研究拓展到了复合泊松分布的情况,并得到了服务水平的近似表达式。Dekker 等(1998)考虑了一个批量(lot-for-lot)库存模型,特性类似于 Nahmias 和 Demmy(1981),但没有假设最多一个在外订单。他们讨论了一个石化厂备件,该备件需求很少,被用来装在不同关键程度的设施上。他们的主要成果是得到了两种需求类型的满足率(fill rate)的近似表达式。

到这里,此前的研究都集中于讨论如何得到考虑分配策略的系统状态表达式,但并没有很好地给出求解最优分配控制参数的方法。Kleijn 和 Dekker(1998)发表了关于多需求类型库存策略研究的第一篇综述,除了给出之前研究的综述之外,其主要讨论了求解最优策略的问题,提出了在连续型检查库存策略下求解最优策略的困境,即究竟是用补货来补充库存从而保留给高级别需求,还是用补货来清除低级别需求的缺货。由于加入了分配策略,使得原本的(Q, r)策略求解更加复杂,原本目标函数的凸性被破坏了,更加难以求得最优策略参数。

Deshpande 等(2003)是一篇非常重要的文章,他首次较好地解决了 Kleijn 和 Dekker (1998)提出的问题。其考虑了连续检查策略下的 (Q, r) 模型,其缺货是延误的(Backlogged),并允许多个在外订单的存在,从而打破了 Nahmias 和 Demmy(1981)只有一个在外订单的假设。Deshpande 等(2003)的这一假设突破使得问题建模更加复杂,因为当补货 Q 达到时,库存位置和库存水平不再相等,Q 可能不够用来满足所有的缺货并将库存水平提高到分配水平之上,因此在基本的 (Q, r, c) 策略上还要增加一个缺货清除机制(或称补货分配机制)。已知最优的缺货清除机制是优先级清除机制(Priority clearing policy),即按照各个缺货优先级的高低依次满足。然而这一缺货机制的建模非常复杂,和各个需求到达的顺序相关,因此无法得到封闭的数学表达式,从而无法了解该系统的性质。Deshpande 设计了一种门槛清除机制(Threshold clearing policy)来近似优先级清除机制,并且能够得到封闭数学表达式,从而便于分析性质。门槛清除机制的原理是假设当补货 Q 达到时,缺货清除的顺序就好像 L 时间之前 Q 就存在时需求满足的顺序。也就是说,当发出订单时,就观察库存位置 IP,当 IP 下降到 c 的过程中按照 FCFS 来满足需求,IP 下降到 c 以后只满足高优先级需求。缺货清除的顺序就按照这个顺序进行。这一机制和优先级清除机制的不同之处在于,其可能会在高优先级需求之前满足一些低优先级的缺货需求,因此这一策略不适合固定订货成本 K 较小的情况,而适合 K 较大或适中的情况。并且 Deshpande 等(2003)还提出了一种混合机制,即利用门槛清除机制来快速计算出参数,然后使用优先级清除机制进行实施,经过数值检验,这种混合机制的效果非常接近于最优策略。

评注: 连续检查策略下当缺货是延误时的情况比较复杂,正如 Kleijn 和 Dekker (1998)所述,既需要库存的分配策略,又需要补货的分配策略，或者说是缺货清除的策略，两种复杂分配使得模型变得难以分析。Deshpande 等(2003)的突出贡献是设计了一种近似缺货清除机制来构建可以分析的模型，为其后的研究提供了一种很好的建模方法。

以上部分的文献中都是假设缺货处理方式是延误的，然而在连续检查策略下还有另外一条分支的研究是假设缺货是丢失的。

Melchiors 等(2000)则将研究拓展到了缺货丢失的情况，考虑了在连续检查(r, Q)策略下有两种需求类型的库存系统，并采用了关键水平策略来进行库存分配。该研究突破了 Nahmias 和 Demmy(1981)对于分配水平小于订货点的限制(分配在提前期内)，也分析了分配水平高于订货点的情况(分配先于订货开始)，并给出了精确模型。但由于泊松需求导致问题的离散化，无法得到最优解的表达式，作者设计了基于上下限制加枚举的启发式算法来得到最优解。另外，假设订购量大于再订货点在缺货丢失环境下其实也等价于一个在外订单的假设。

评注：连续检查策略下当缺货是丢失时，不存在延误情况下还需要缺货清除机制来辅助。不过由于缺货丢失成本在任何时候都一样，没有了时间效应，因此其和库存成本的对应性就不存在了。这一结果直接导致了模型对称性的丧失，使得成本函数不再具有凸性。即使在单需求类型的缺货丢失模型中，就比较难以求得随机需求下的最优方案，而在多需求类型情况下就更为复杂，只能通过搜索的方法。因此本书在第 5 章讨论了设计简便表达式来得到近似分配水平。

(3) 动态分配策略

以上对于多需求类型分配策略的研究都是假设分配水平是稳定的，因此当低级别需求被停止供货以后一直要等到下次补货把库存水平恢复到分配水平以上时才能继续供货。然而，从停止向低级别需求供货开始到补货到达这段时间内需求是随机的，有可能在补货快到达时高级别需求出现的数量并不多，这时就不应该再停止向低级别需求供货了。因此需要一种随着补货剩余达到时间及库存水平变化来动态调整的分配水平，这样的策略比静态策略更优化。最早对于动态分配策略的研究是之前提到的 Topkis(1968)，其研究的是周期型检查策略，通过将每个周期分割成数个小周期来动态调整分配水平。

Melchiors(2003)研究了一种连续检查(Q, r)策略下的动态分配策略。系统面对 n 种泊松需求，且缺货丢失。他设计了一种限制时间记忆策略，将提前期分为 m 段，每一段都重新计算各类需求的分配库存水平，使得随着时间的推移，分配水平是动态的。这一分配策略将非常接近其 2000 年的 working paper 中设计的最优策略，且比静态策略的效果好很多。但其建模方法是使用 semi-Markov 方法，因此无法得到显性最优解。作者通过一些性质来设计了搜索式的启发式算法，从而得到了最优参数。然而随着时间段的切分数量越多，所需计算的时间也越长。

Teunter 和 Haneveld(2008)研究了一种依赖于下次订单到达剩余时间的关键水平策略，叫做剩余时间策略。当剩余时间最多为 L_1 时，不为高级别需求保留库存，当时间在 L_1 和 $L_1 + L_2$ 之间时，保留一个库存，以此类推。通过假设订单足够大从而得到最优分配时间，并证明这种动态的方式比最优的静态策略要好。他们的研究是在一个周期内，也就是说周期的长度(或者到货的时间)在整个周期都是已知的。然而，并不是所有的情况都是这样。在订单发出之前，下一次补货达到的时间其实是未知的，因为随机需求消耗库存知道订货点的时间是随机的。

Fadiloglu 等(2010)研究了连续检查策略下的库存动态分配策略。

他们并没有设计动态的分配水平，而是通过动态利用在外订单的信息来调整在手库存水平，然后用这个调整过的库存水平来和静态分配水平做比较来决定是否分配。由于模型仍然不易处理，他们使用仿真的方法来得到策略的最优方案。

评注：仅有的一些对于动态分配策略的研究其建模方法和求解方法都比较繁琐，既不利于观察模型的性质，也不利于快速求得（近似）最优解。这也启发我们进一步寻求更好的方法进行研究。

（4）其他方向的研究

对于多需求类型库存系统的研究还拓展到了多级库存系统中。Cohen 等(1988)考虑了一个两级库存系统，第一级如果缺货的话，就以紧急订单的方式发给第二级，并在本地作为丢失处理。第二级有三种需求，一是正常补货订单、二是紧急订单、三是一般客户的直接需求。本书将第二、三种作为一种大类的需求，并予以重要的优先级，在此基础上研究第二级系统的控制策略。因此其虽然有多级库存的背景，但还是研究单级问题。文章处理不同需求类型的方式不是关键水平策略，而是在补货到达时缺货满足的顺序，即级别高的缺货先处理。文章考虑了一个有服务约束的周期检查(s, S)系统，并构建了 Markov 链模型。然后作者又基于更新过程建立了近似模型，并设计了相应的贪婪启发式算法来得到近似解。通过数值分析来比较近似解和最优解发现当服务水平要求提高以及提前期增加时，近似方法的表现开始下降。这一问题的难度在于服务约束和多种需求在同一模型中，使得求解非常困难。

Ding 等(2007)还考虑了不同需求满足提前期的情况，即不同的需求类型，其要求供货的时间是不同的，因此需要将产品优先供给时间紧迫的客户。

评注：还有一些其他文献也基于一些现实问题考虑了各种各样的

需求特性，并利用库存分配策略去解决相应问题，进一步丰富了库存分配理论的应用。

1.3 研究问题与内容结构

1.3.1 研究问题

尽管已经有不少文献对多需求类型库存分配策略进行了研究，但是该方向仍然存在着不少亟待研究的问题。本书主要关注两大问题。

第一，多需求类型库存问题和传统单需求类型问题最大的不同就是在于考虑了不同需求类型的特性。然而在研究初期，为了简化模型，绝大多数的研究只考虑了需求率和缺货成本的不同，并使用缺货成本的大小来区分需求类型的优先级。然而，就像第一节中所述，需求类型在许多方面都有所不同，这也会影响到企业库存管理的决策。因此下一步的研究应当更多考虑和库存相关的现实因素，使得库存管理能够更好地贴合客户的需求。因此本书的前三部分从企业实际问题中提炼了 3 种不同的需求特性来研究库存分配问题。

第二，本书文献综述中也提到，绝大部分的分配策略都是静态的分配策略，但这一策略是事先确定的。考虑到随机的需求，导致系统状态是不断变化的，因此更好的策略是根据系统的状态实时调整分配水平。目前的信息技术也能够支持这种动态策略的运行。因此本书的最后一部分对动态分配策略加以研究。

根据这两大类问题，本书主要研究以下四个具体问题：

(1) 不同需求模式

在这一部分中，主要研究两种不同需求分布的情况。第一种需求类型是确定的时变需求，即已知的未来 T 期有限时域内的需求信息，第二种需求类型则是随机需求，只给出其分布函数。现实中许多行业的零备件库存、原材料库存及产成品库存系统都存在同时面对这两种需求的情况。这些库存系统所面对的第一种需求都是计划中的，而第二种需求都是随机的。由于第一种需求提供了未来有限时域内的部分需求信息，因此如何利用此类需求信息来制定合适的策略，从而更好地帮助企业优化库存系统，是这一部分研究的重点。由于已经提前知道了一定时期内的部分需求，该问题就变成了有限时域内的优化问题。我们使用动态规划的方法来求解库存分配的最优策略。

(2) 不同分配反应

在这一部分中，考虑两种不同对分配反应不同的需求类型。第一种需求类型的优先级较高，因此在分配以后他们得到了较高的服务水平。相反，第一种需求类型的客户由于优先级低，在分配以后服务水平有所下降。在之前的研究中都没有考虑客户对于分配的反应。事实上根据我们对零售业的观察，由于服务水平下降，采购方会察觉上游的供货率开始下降。为了保证自身的供货率，下游采购方往往会提高需求量，以期获取更多的货物。这就是现实中客户对于分配的反应。本书将这种现象放在模型中加以考虑，并分析其给系统带来的影响。并试图设计一种策略，能够避免这类反应对系统和其他客户造成的损害。

(3) 不同缺货处理

在这一部分中，考虑两种需求类型具有不同的缺货控制方式。在中国的零售市场中，为了和百联、沃尔玛等大型零售商签订合同，供应商往往被要求保证一个年最低服务水平。然而当供应商和一些地方便利店等小规模零售商签订合同时，供应商更倾向于按照缺货的件数来计算惩罚成本，无论是延误还是丢失。另一个例子是一家为移动网络生产硬件的瑞典企业。其某个零部件既可以用来作为标准产品投放市场，也可以用作维修零件使用。当缺货时，前者损失了潜在的收益，而后者则具有缺货数量的限制。在这两个案例中，观察到不同需求类型具有混合缺货处理方式，即一个是和成本相关，而另外一个则是通过服务水平来约束。这种混合缺货控制方式改变了问题的结构，也给库存分配策略的制定带来了困难。我们试图设计方便实用的算法来解决这一问题，并分析混合模式和统一模式对于系统的影响和区别。

（4）动态策略

之前的研究中分配策略都是静态的，然而静态策略在制定决策时只采集一次信息，而由于随机需求的存在，系统的状态是千变万化的，因此更好的策略是根据系统的实时状态来制定决策。这部分研究动态的分配策略。现有对动态策略的建模方法非常复杂，不利于观察模型性质和实际使用，因此试图设计简便的近似动态分配策略以克服这些困难。

1.3.2 研究特点

本书的主要研究思想是在合理的假设条件下构建可以分析的（近似）简化模型，从而有利于更容易地分析出问题的各种性质，并利用这些性质设计启发式算法，以较快的速度求得高质量的（近似）最优解，使得研究的结论和算法能够适用于商业软件的应用，解决企业实际问题。同时对问题性质的分析能给实际管理带来指导意义。

1.3.3 本书结构

本书结构如下：

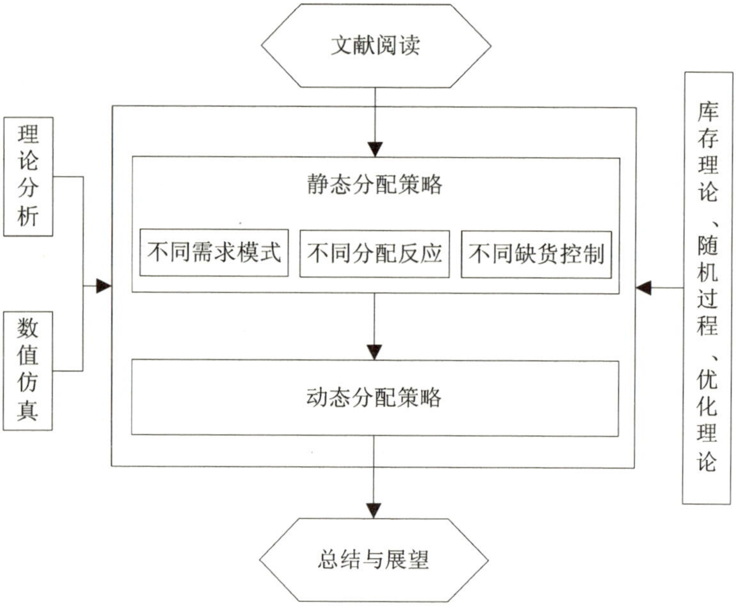
文献阅读
理论分析
数值仿真
静态分配策略
不同需求模式
不同分配反应
不同缺货控制
动态分配策略
库存理论、随机过程、优化理论
总结与展望

图 1-6　论文结构图

第2章

混合需求模式下的库存分配策略

考虑了有限时域下，面对确定和随机两种需求类型的产品库存系统，使用动态规划法构建该系统的动态模型以求得利润最大化下的最优订货和分配策略。动态规划法计算时间过长且在时域滚动环境下未必最优，因此本书在分析最优策略性质的基础上设计了一种启发式算法以解决动态规划法的缺陷。数值分析表明启发式算法在时域滚动的情况下，大多优于动态规划法。

2.1 引　言

现有库存模型中大多假设对同一产品的需求来源相同，因此所有需求都是同质的。然而在现实生产或销售活动中，库存系统面对的需求有多种来源，其需求达到率、缺货成本和服务水平要求都不相同，由造成的需求的不同优先级，被称为多需求类型（Multiple demand classes）或带有优先需求类型（Priority demand classes）的产品库存问题。

本章考虑了同时面对两种不同需求类型的库存系统，第一种需求是确定的时变需求，即已知的未来 T 期有限时域内的需求信息，第二种需求则是随机需求，已知其分布函数。现实中许多行业的零备件库存、原材料库存及产成品库存系统都存在同时面对这两种需求的情况。例如，对于负责飞机检修的航空维修公司来说，其零备件库存不仅要满足一些飞机例行维护时的零件替换需求，还要应对一些飞机的突发性零件替换要求。其中，例行维护的需求是有提前计划的，而突发性的替换需求则是随机产生的。对于汽车、机械设备等制造企业来说，其原材料库存不仅要满足生产计划提前确定的生产需求，还要应对随机发生的返修品的替换需求。对于分销批发企业来说，其产成品库存不仅要满足长期合同的供货要求，还要应对随机到达的散客需求，例如来自网上交易的客户。从这些实际行业中的例子可见，这些库存系统所面对的第一种需求都是计划中的，而第二种需求都是随机的。由于第一种需求提供了未来有限时域内的部分需求信息，因此如何利用此类需求信息来制定合适的策略，从而更好地帮助企业优化库存系统，是本书研究的重点。在这方面，Frank 等(2003)考虑了有限时域下面对确定性和随机性两类需求的库存系统，设计了以 k 为分配库存水平的(s, k, S)近似最优策略，但其假设确定性需求是一个固定的值，没有考虑需求型需求是时变需求的情况及其对其最优策略的影响。Sobel 和 Zhang(2001)也考虑了确定性和随机性两类需求，但没有考虑库存分配，而是假设只要有库存就尽量满足随机需求，这样可能造成没有足够的库存去满足后期的确定性需求而导致额外的订货费用。因此目前对于这类能获知有限时域内时变需求信息又同时要应对随机需求的库存系统没有一个很好的制定订货和分配策略的方法。

本书模型和现有研究的不同之处在于：

① 提前给出的有限时域内的确定性需求是时变的，不是固定的值；

② 考虑了库存分配策略，即有多余的库存也不一定去满足随机需求，可以留待应对下期的确定性需求。

本书利用动态规划法构建了模型，分析了其最优策略的性质，并在此基础上设计了一种启发式算法来制定库存策略，使得在时域滚动情况下较快地获取比动态规划法更好的效果。

2.2　问题描述与模型构建

2.2.1　问题描述

单产品库存系统往往面对不同来源的需求，这些需求由于需求率、缺货成本和服务水平要求的不同造成了不同的优先级，如何在较低的成本下满足各种优先级的需求是管理这类库存系统的目标。

管理这类具有不同优先级需求的库存系统有两种简便的方法，一种是将各类的需求进行累计合并，然后以最高服务水平来确定库存水平，这种方法在低级别需求量较大时，会花费较多的库存来服务这类低级别需求，造成库存成本的浪费。另一种是将不同来源的需求分开管理，这种方法则会因为多个库存系统的多次订货造成订货成本的上升。虽然这两种方法都易于执行，但都会导致较高的成本。

更好的方法是将不同的需求整合在一个库存系统中进行管理，实现库存共享，并通过设定库存分配策略(Rationing policy)来分配库存给不同优先级的需求，达到各自的服务水平。在没有时限的情况下，许多学者在现有库存策略如(R, Q)、(s, S)的基础上增加了关键库存水平这一参数，当库存降到该水平时，停止向低级别需求供货，而保留库存给高级别需求，因此被称为库存分配策略。关键库存水平有静态和动态两种，动态的依据剩余到货时间来确定关键水平，因而效果更好，但实际使用比较困难。

在实践中还可能提前 T 期获知某种来源的需求量，且 T 期的需求量往往各不相同。对于这类有限时域下确定性时变需求库存订货问题可以用 Wagner-Whitin 算法(Wagner 和 Whitin，1958)获得最优订货策略。然而现实中库存系统可能同时还需要面对一些未知的随机需求，这类需求若不及时满足就会丢失。这些不确定的需求在带来收益的同时也可能会消耗过多的库存，使得没有足够的库存去应对后期必须满足的确定性需求，造成额外的订货成本。Frank 等(2003)将随机需求因素加入到 Wagner-Whitin 算法中，从成本最小化角度构建了该系统的动态模型，但其假设确定性需求是某个固定的值，这不符合实际情况，因为计划产量和计划供货量这类提前需求信息往往是时变的，它们增加了系统的复杂度和求解的难度，本书主要研究在有限时域下这类多需求类型的库存策略。

2.2.2 符号定义

本书所涉及的符号定义如下：

K：每个订单的订货成本；

h：单位时间单位库存成本；

c：单位采购成本；

P：单位销售价格；

π：单位销售毛利，$\pi = P - c$；

b：单位缺货丢失成本；

x_t：第 t 期的期初库存量；

d_t：第 t 期的确定需求量；

λ_t：第 t 期的随机需求量；

p_i：随机需求量 λ 为 i 的概率；

Q_t：第 t 期的订货量；

w_t：第 t 期满足的随机需求量。

2.2.3　模型构建

本书考虑一个有限时域(Finite time horizon)下采用周期性检查策略的库存系统，它面对两类需求：确定的有限时域内的时变需求和随机的需求。决策者需确定每期的订货量和随机需求的满足量，未满足的需求则丢失。在库存分配问题上，没有采用既有模型中的关键库存水平作为决策变量，而是以随机需求的满足量作为决策变量，这样就利用了有限时域内的部分需求信息来动态地分配库存，达到更优化的效果。

每期的事件发生顺序如下：期初已知本期现有库存 x_t、确定性需求 d_t和随机性需求 λ_t，然后决策者需要确定本期订货量 Q_t。假设本期发出的订单将于期末到达，因此提前期为 0。最后决策者必须满足确定性需求 d_t，并决定随机性需求的满足数量 w_t，$0 \leqslant w_t \leqslant \min\{\lambda_t, x_t + Q_t - d_t\}$。问题的目标是在任意第 t 期(x_t, d_t, λ_t)的初始状态下，确定一个(Q_t, w_t)策略，使得库存系统在整个时域$[t, t+T]$内的总利润最大。之所以采用利润最大化而不是通常采用的成本最小化是因为模型中存在未知的随机需求 λ_t，其带来的利润取决于决策者所满足的随机需求量 w_t，而成本最小化模型无法反映该决策对利润的影响。相应地，作为利润计算的重要参数，P 可以看作是产品在流通活动中的销售价格，也可以看作是零件等原料在生产活动中的增值价格。

本书使用动态规划法来构建模型求得最优策略。设 $E_T(x_t, d_t, \lambda_t)$是指在(x_t, d_t, λ_t)的初始状态下接下去 T 期的最优总收益，则可得动态规划模型如下：

$$E_T(x_t, d_t, \lambda_t) = \max_{Q_t, w_t}\{P(d_t + w_t) - cQ_t - K\sigma(Q_t)^+ \\ - h(x_t + Q_t - d_t - w_t) - b(\lambda_t - w_t) \\ + \sum p_i E_{T-1}(x_{t+1} + Q_t - d_{t+1} - w_t, d_{t+1}, i); \\ Q_t \geqslant 0; 0 \leqslant w_t \leqslant \min\{\lambda_t, x_t + Q_t - d_t\}\} \tag{2-1}$$

其中，当 $Q_t > 0$ 时 $\sigma(Q_t)^+ = 1$，否则为 0。$P(d_t + w_t)$ 是两类需求实际满足的销售额，cQ_t 是本期订购的采购金额，$K\sigma(Q_t)^+$ 是本期采购固定成本，$h(x_t + Q_t - d_t - w_t)$ 则是本期的库存成本，包括了期初的量加上补货的量，减去两类需求的消耗量。$b(\lambda_t - w_t)$ 则是本期随机需求缺货的惩罚成本。

本书采用随机递归的方式来构建动态规划模型，并假设在时域末 $E_0 \equiv 0$。

虽然动态规划法在理论上能够求得最优策略，但在实际应用中存在一些问题：

① 该算法的计算时间过长，理论上需要 $O(T^2)$（Zipkin，2000），即时域 T 越长，计算时间成平方增加。而模型中又包含了随机需求，当分布函数较复杂时，计算时间也会增加；

② 该算法考虑的只是时域内最优，其结果和时域长度相关。然而在现实中时域会滚动更新，例如生产计划或者供货合同会随着时间的推移不断给出新时期的确定性需求，因此在时域滚动环境下该算法的结果未必最优。

以上问题导致动态规划法在实际使用中效果不佳，所以需要设计更好的方法来求得该类库存系统的策略。

2.3　最优策略的性质讨论

为了设计更好的算法来解决此问题，首先对最优策略的性质进行分析。

性质 2.1： 若 $x_t < d_t$，则 $Q_t \geqslant d_t - x_t$。

证明　由于 d_t 是必须被满足的，所以当库存不足时，本期必须订货。 □

性质 2.2： 若 $x_t \geqslant d_t + \lambda_t$，则 $Q_t = 0$。

证明　如果在第 t 期需求都能被满足的情况下再订货，那么订货量 Q_t 在本周只能作为多余库存，将至少多付出 hQ 的成本，因此第 t 期不必订货。 □

性质 2.3： 在任何状态(x_t, d_t, λ_t)下，若 $Q_t > 0$，则 $x_t + Q_t \geqslant d_t + \lambda_t$，即 $w_t = \lambda_t$。

证明　满足订货当期的随机需求所需成本可表示为

$$\begin{aligned} f(w_t) &= b(\lambda_t - w_t)^+ + h(w_t - \lambda_t)^+ + \pi(\lambda_t - w_t)^+ \\ &= (b+\pi)(\lambda_t - w_t)^+ + h(w_t - \lambda_t)^+ \end{aligned} \tag{2-2}$$

易得，当 $w_t \leqslant \lambda_t$ 时，$(b+\pi)(\lambda_t - w_t)^+$ 是单调递减函数，最小值在 $w_t = \lambda_t$ 处获得；当 $w_t \geqslant \lambda_t$ 时，$h(w_t - \lambda_t)^+$ 是单调递增函数，最小值在 $w_t = \lambda_t$ 处获得。因此可得，$\min f(w_t) = f(\lambda_t)$，$w_t^* = \lambda_t$。 □

2.4　启发式算法

本书的核心问题是给每期确定一个(Q_t, w_t)策略，又可以将问题看作是每次的订货量考虑接下来哪几期的需求，其本质是各类成本之间的博弈。依照此思路设计了一种启发式算法，以满足各期随机需求的最小成本来确定各期的最优 w_t^*，再以平均成本持续下降为准则来确定一次订货所考虑的时期数 u，将 u 期的 d_t 和 w_t^* 相加就得到本期订货量 Q_t。其中我们把收益 π 当作机会成本对待。

假设第 t 期需要订货，计算本次订货覆盖 u 期需求的成本，再折算成每期平均成本后和 $u-1$ 期的情况进行比较，如果平均成本递减则递增 u 循环计算，直到平均成本增大时停止计算，并以 $u-1$ 期为本次订货考虑的范围。具体算法步骤如下：

步骤 1： 根据定理 2，如果 $x_t \geqslant d_t + \lambda_t$，则本期不订货 $Q=0$，结束计算；否则进入步骤 2。

步骤 2： 设 u 为本次订货所考虑的期数，初始化 $u=0$，即从第 t 期开始。

步骤 3： 计算满足从第 t 期开始到第 $t+u$ 期的确定性需求所需的成本：

$$ddc = \sum_{j=t}^{t+u} h(j-t)d_j \tag{2-3}$$

步骤 4： 计算满足从第 t 期开始到第 $t+u$ 期的随机性需求所需的成本：

$$\begin{aligned} sdc_j = \min_{w_j} \sum p_i [&h(j-t)w_j + b(i-w_j)^+ \\ &+ h(w_j - i)^+ + \pi(i-w_j)^+] \end{aligned} \tag{2-4}$$

$$sdc = \sum_{j=t}^{t+u} sdc_j \tag{2-5}$$

其中，sdc_j 是满足第 $t+j$ 期的随机需求的最优成本，其对应的最优决策参数为 w_j^*；$h(j-t)w_j$ 是满足 w_j 所需的库存从第 t 期订货时存放到第 j 期的库存成本，$b(i-w_j)^+$ 是未满足的随机需求的丢失成本，$\pi(i-w_j)^+$ 是未满足的随机需求的机会利润，在此处作为一种成本参与博弈。

步骤 5： 使用以下公式计算 u 期平均成本。如果 $avgtc \leqslant mintc$，则 $u=u+1$，回到步骤 3，否则进入步骤 6：

$$avgtc = \frac{K\sigma(Q_t)^+ + ddc + sdc}{u+1} \tag{2-6}$$

步骤 6： 本次订货需要考虑的最佳期数 $u^* = u-1$，订货量为：

$$Q_t = \sum_{j=t}^{t+u^*}(d_t + w_j^*) - x_t \tag{2-7}$$

2.5 数值分析

数值分析以 3 年共 36 期数据作为测试对象，其目的是在各种参数环境下对算法的效果进行比较。将对 3 种算法进行比较，算法 1 是启发式算法；算法 2 是动态规划法，其假定有限时域 $T=6$，即半年时间，因为一般生产计划或供货合同只能确定最近半年的需求量；算法 3 是理论最优算法，该算法是在所有 36 期的随机需求都给出以后采用动态规划法计算，该结果消除了不确定性，因此是该问题的理论最优值。

采用 PG_{ij} 指标来对算法的效果两两比较，指标定义如下：

$$PG_{ij} = \frac{TE_i - TE_j}{TE_j},\ TE_j > 0;\ i \neq j;\ i,\ j \in (1,\ 2,\ 3) \tag{2-8}$$

其中，TE_i是指算法 i 的总利润，PG_{ij} 反映的是算法 i 和算法 j 的利润差百分比，在同一参数环境下，当 $PG_{ij} > 0$ 时，算法 i 效果比算法 j 好，当 $PG_{ij} < 0$ 时则相反，当 $PG_{ij} = 0$ 时，两者相等。

所有试验都采用了固定的单位采购成本 $c=10$、单位库存成本 $h=1$ 和单位缺货丢失成本 $b=1$，这是因为单位采购成本 c 在现实中存在多种变化情况，对库存策略的影响较为复杂，本书为了突出分析其他参数的影响，暂时假设其为固定值，留待后续研究再进行深入讨论。而单位库存成本 h 和单位缺货丢失成本 b 都可以看作是 c 的某种线性表达式。其他参数则进行一定的变动：$K=10$，20，30，40，50，80，150，200，$P=12$，14，16，18，20。

对于确定性需求，我们分别从 $U[0, 10]$ 和 $U[3, 7]$ 中选取了两组均值为 $E(d_t)=5$、方差分别为 $Var(d_t)=1.67$，10 的数据作为 d_t，以比较不同的 d_t 方差对结果的影响。对于随机性需求，选取了 $U[0, 5]$，$U[5, 10]$ 作为 λ_t 的分布，以比较随机需求的均值对结果的影响。

图 2－1 到 2－4 是对 3 种算法进行两两比较的 PG 指标结果图，分别是 $Var(d_t)=1.67$，10 和 $\lambda_t \sim U[0, 5]$，$U[0, 10]$ 组合下的四种情况，纵坐标是 PG 指标轴，横坐标是 $K-\pi$ 复合轴，即按 K 列出各个满足 PG 指标条件的 π，当 K 较大时会导致总利润额为负的不合理情况，所以去除了这些情况下的 π 值。可以看到，随着 K 的增加，合理的 π 值在减少。

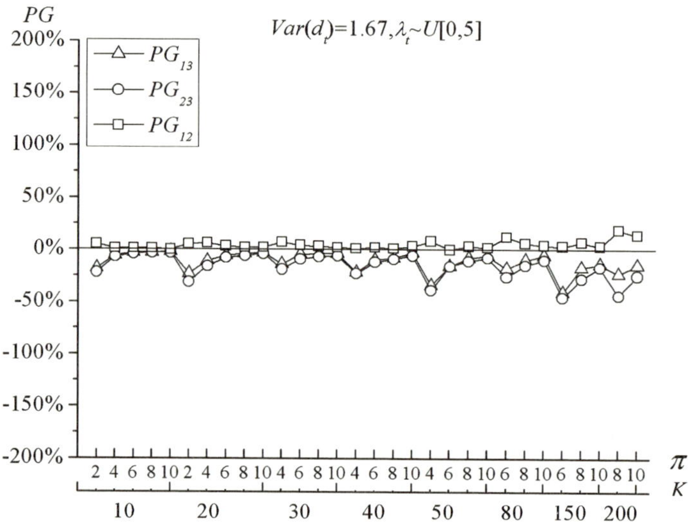

图 2－1　3 种算法两两比较的 PG 指标图(1)

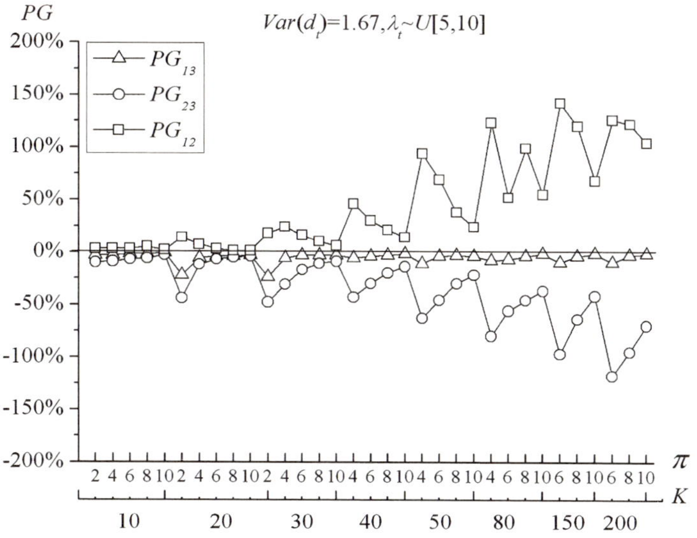

图 2-2　3 种算法两两比较的 PG 指标图(2)

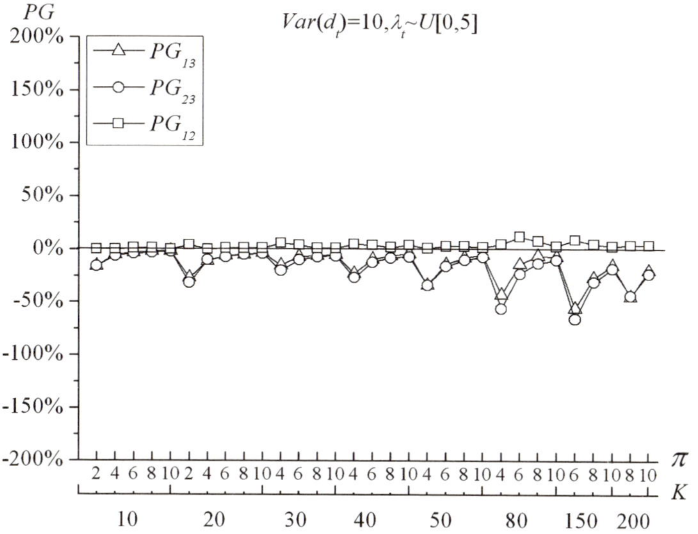

图 2-3　3 种算法两两比较的 PG 指标图(3)

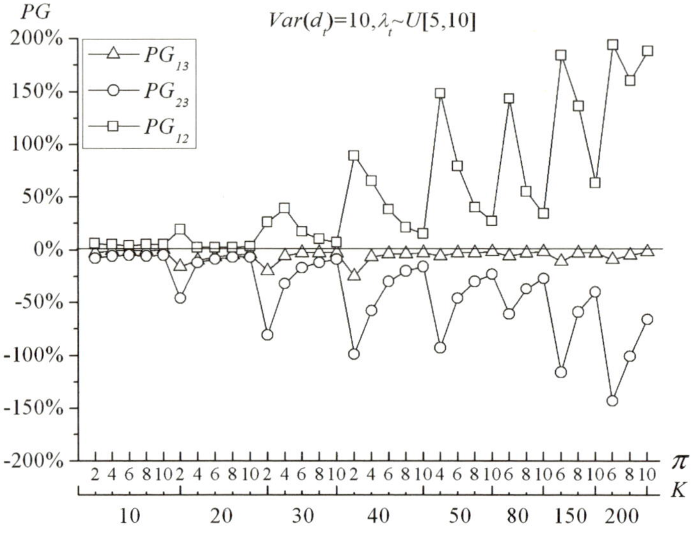

图 2-4　3 种算法两两比较的 PG 指标图(4)

在 4 张图中可以看到，PG_{13}和 PG_{23}始终小于 0，证明了算法 3 是理论最优值。而 PG_{23}在绝大多数情况下在 PG_{13}线的下方，而 PG_{12}基本上都大于 0，说明在绝大多数参数环境下启发式算法要比动态规划法的效果更好。

在相同的 $Var(d_t)$和相同的 λ_t分布下，分析图 2-1 可以得到以下结论：① 随着 K 递增，PG_{12}也逐步递增，说明 K 越大，算法 1 效果要比算法 2 越好；② 随着 π 递增，PG_{13}、PG_{23}的值也逐步递增，说明算法 1、2 在 π 较大时效果比较好。这是因为当 π 较小时，总利润一般较小，因此同样的利润差所反映出的 PG 百分比就较大。以上结论在图2-2、图 2-3和图 2-4 中均成立。

在相同的 $Var(d_t)$和不同的 λ_t分布下，比较图 2-1 和图 2-2，可以得到以下结论：① 当 $E(\lambda_t) > E(d_t)$ 时，PG_{13}的均值为-5.3%，大于 $E(\lambda_t)$较小时的-12%，说明算法 1 在随机需求均值大于确定性需求的时候效果更好。这是因为随机需求增大会导致利润增大，使得 PG 指标的分母变大，PG 指标变小。② 当 $E(\lambda_t) > E(d_t)$ 时，随着 K 递增，PG_{23}逐步递减且波动幅度增大，而 PG_{13}则变化不大，说明当随机需求 $E(\lambda_t)$较大时，算法 1 表现更稳定，而算法 2 随着 K 的递增效果逐步变差。以上结论在图 2 - 3 和图 2 - 4 的比较中也成立。

在不同的 $Var(d_t)$和相同的 λ_t分布下，比较图 2 - 1 和图 2 - 3，可以得到：当 $Var(d_t) = 10$(图 2 - 3) 时，PG_{13} 的均值为 -14.6%，小于 $Var(d_t) = 1.67$ (图 2 - 1)时的 -12%，说明 d_t波动性变大使得算法 1 的效果变差。算法 2 也表现出类似的特性，而且下降幅度比算法 1 更明显。比较图 2 - 2 和图 2 - 4 得到的结论更明显。

综上所述，启发式算法在绝大多数环境下和动态规划法相比效果更好、更稳定。当 π 较接近 c 或者随机需求均值大于确定性需求均值时，启发式算法的效果非常好，离理论最优值比较接近，PG_{13} 平均在 -15% 左右。另外，当动态规划法的时域 T 增加时，动态规划法的效果会有所改善，但这样会大大增加计算时间，而且现实中也不可能提前获知未来较长时域的需求信息。

2.6 结　论

本书考虑了一个有限时域下采用周期性检查策略的库存系统，该系统既要满足确定性的时变需求，又要应对随机发生的零散需求。本书使用动态规划法构建了该系统的动态模型，以获取其最优策略(Q, w)，为了避免动态规划法在实际使用中的一些弊端，本书分析了其最优策略的一些性质，并在此基础上设计了一种启发式算法，以成本持续下降为准则来决定每次订货所考虑的时期数量，以期在滚动的环境下获得更好的效果。

数值分析表明该启发式算法在绝大多数情况下比动态规划算法的结果要好，尤其在 π 接近 c 时或者随机需求占总需求多数的情况下，为解决有限时域下具有确定的时变需求和随机需求的库存控制问题提供了一种较好的解决方法。

第3章 不同分配反应下的库存分配策略

考虑面对缺货成本不同的两种随机需求类型的库存系统。一般采用关键水平分配策略来对不同需求类型进行库存分配，从而在同一库存系统中实现不同的服务水平。但由于低级别客户在分配后可能为了提高服务水平而发生提前购买行为，关键水平分配策略会导致高级别客户受到影响。因此构建了固定数量分配策略来避免这一风险。数值分析表明固定数量策略在两类需求率接近或缺货成本区别较大时表现优于关键水平策略，并适用于常见的提前期。

3.1 引　言

在实际生活中，客户的购买行为也会随着商家的各种策略而变化。之前的研究都是假设客户对于分配策略是不敏感的，其购买行为不会发生改变。对零售业进行观察，关键水平分配策略在实际应用中会由于低级别需求的行为改变而造成对高级别需求的供货风险。在采用分配策略之前，原来的系统向所有需求类型提供相同的服务水平。而采用了分配策略以后，高级别需求类型会得到更高的服务水平，而低级别需求类型的服务水平则会降低。这时不同客户对于分配策略的反应是不同的，低级别的客户可能会为了维持原有的服务水平而提高其需求率，在有货的时候增加购买量以备缺货时使用，形成一种提前购买行为。这种购买行为的改变会对整个系统产生影响，我们的直观感受是会降低高级别需求类型的服务水平，增加系统成本。因此本书对这种行为改变对系统的影响进行了分析，并设计一种固定数量分配策略来避免上述风险。

本章考虑了一个库存系统采用连续性检查(r, Q)策略。该系统面对两种泊松需求类型，各自缺货成本不同，以此来区分优先级。本书假设未立即满足的需求是丢失的，且同时只有一个在外订单，这两项假设都符合零售业的实际情况，并方便了模型的建立。本书第二部分首先回顾了现有的(c, r, Q)策略(Melchiors 等，2000)，并分析了低级别需求行为改变对系统的影响。在此基础上，在第三部分设计了固定数量(r, Q, S)策略，即使用 S 来限制低级别需求最大可用数量，以防止其对系统造成更大的影响。在第四部分，我们进行了数值分析来比较(c, r, Q)策略和(r, Q, S)策略的效果，给出(r, Q, S)策略的适用范围。

3.2 (c, r, Q)策略

(c, r, Q)策略是在原有的(r, Q)策略的基础上增加了关键水平 c 来限制低优先级客户的供货。目前对于缺货丢失环境下的(c, r, Q)策略的最新研究是 Melchiors 等(2000)，为了分析传统分配策略的不足，将此策略作为标杆进行分析。

3.2.1　模型

考虑库存系统面对两种需求类型 j, $j=1, 2$，均服从泊松分布，需求率为 λ_j。系统所面对的总需求率为 $\lambda=\lambda_1+\lambda_2$。所有未被立刻满足的需求都被丢失(lost sales)，并需要付出单位惩罚成本 π_j，其中假设 $\pi_1>\pi_2>0$，说明类型 1 的优先级比类型 2 高。这样当库存水平降到 c 时，系统停止向类型 2 供货直到库存水平恢复到 c 以上，这样剩余的库存只为类型 1 供货，从而保证向类型 1 提供相对较高的服务水平。我们假设 $r<Q$，这样在缺货丢失的环境下保证只有一个在外订单。在缺货丢失环境下如果没有在外订单的限制，那么模型会非常复杂，目前还没有很好的解决方法。同时单一在外订单能够使得库存水平在两次订单到达的时间间隔内是一个更新过程。可以根据 renewal-reward 定理(Ross, 1996)，用周期内的期望总成本除以周期期望长度来得到期望平均成本。定义固定订货成本为 K，订货提前期为 L，单位库存成本为 $h>0$。系统运行状态见图 3-1。

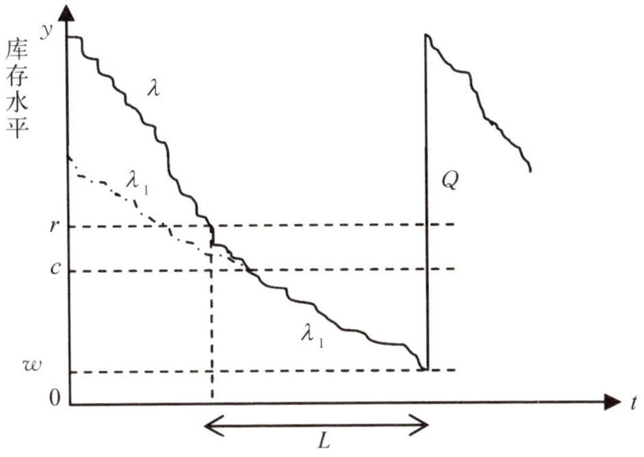

图 3-1　(c, r, Q)策略

定义当订单到达时的库存水平为 w，可以得到其概率质量函数(Probability mass function)为

$$P(w=i)=\begin{cases}P(D(L)=r-i), & c<i\leqslant r\\ P(D_1(L-H)=c-i), & 0<i\leqslant c\\ P(D_1(L-H)\geqslant c), & i=0\end{cases} \tag{3-1}$$

其中 $D_j(t)$是类型 j 在 t 时间内的需求。同时我们引入 H 作为库存从 c 下降到 r 所需要的时间，则可以得到两类需求的期望缺货量为

$$B_1=E_{D_1(L-H),\, H}[D_1(L-H)-c]^+ \tag{3-2}$$

$$B_2=E_{D_2(L-H),\, H}[D_2(L-H)] \tag{3-3}$$

其中，$E_{x,\,y}[\,]=E_x[E_y[\,]]$ 是求包含 x，y 两个随机变量的函数的期望值。接着我们需要计算一个周期内的库存成本 HC，其计算方法为求得周期内所有到达的库存水平所计成本之和。本书给出了 HC 的计算公式如下，根据随机需求不同的概率，其包括了 4 部分的成本，具体可以参考 Melchiors 等(2000)。

$$\begin{aligned}HC=&\,hE_{D(L)}\left[\sum_{i=r-D(L)}^{r} i\,\frac{L}{D(L)+1}\right]+hE_H\left[\sum_{i=c+1}^{r} i\,\frac{H}{r-c}\right]\\&+hE_{D_1(L-H),\,H}\left[\sum_{i=c-D_1(L-H)}^{r} i\,\frac{L-H}{D_1(L-H)+1}\right]+hE_w\left[\sum_{i=r+1}^{Q+w} i\,\frac{1}{\lambda_1}\right]\end{aligned} \tag{3-4}$$

我们还需要计算周期长度 T 的期望值

$$E(T)=\frac{L+(Q+E(w)-r)}{\lambda} \tag{3-5}$$

最后得到期望平均成本如下：

$$AC(c, r, Q) = \frac{K + HC + \pi_1 B_1 + \pi_2 B_2}{E(T)} \tag{3-6}$$

对于该目标函数的最优化问题，由于表达式比较复杂，Melchiors 等(2000)设计了一种启发式算法来得到最优参数。他没有给出严格的证明，但其通过大量数值模拟证明了算法的有效性。我们在后续数值分析中采用了该启发式算法来得到(c, r, Q)策略的最优参数。

3.2.2　客户行为改变的影响

(c, r, Q)策略是对(r, Q)策略的拓展，通过关键库存水平 c 来提升类型 1 的服务水平，降低类型 2 的服务水平，从而在一个系统中实现不同的服务水平。由于(c, r, Q)策略在库存水平降到 c 之前是通过共享库存来同时满足两种需求，因此当类型 2 发生在引言里谈到的提前购买行为时，会对系统造成一定的影响。我们下面将分析这一影响。

假设当订单到达以后，库存水平提升到了 $y = E(w) + Q$。当库存水平从 y 降到 c 的过程中，库存同时满足两类需求。如果类型 2 将其需求从 λ_2 提升到 $\lambda_2 + \Delta\lambda(\Delta\lambda > 0)$，则总需求变为 $\lambda + \Delta\lambda$。我们得到以下性质：

性质 3.1： 随着 $\Delta\lambda$ 的增大，B_1 会逐渐增大。

证明　随着 $\Delta\lambda$ 的增大，库存水平从 r 降到 c 的期望时间会缩短至 $E(H') = \dfrac{r - c}{\lambda + \Delta\lambda} < \dfrac{r - c}{\lambda} = E(H)$。由于 H 期望值的降低，类型 1 的专用库存时间 $L - H$ 会变大，导致更多的需求 $D_1(L - H')$ 产生。又因为 $B_1 = E_{D_1(L-H),\, H}[D_1(L - H) - c]^+$，$B_1$ 随 $D_1(L - H')$ 增大而增大，因此 B_1 随 $\Delta\lambda$ 的增大而增大。 □

性质 3.2： 随着 $\Delta\lambda$ 的增大，B_2 会逐渐减小。

证明　随着 λ_2 增加到 $\lambda_2 + \Delta\lambda$，当库存水平从 y 降至 c 时，类型 2 的期望满足需求 $E\left(\dfrac{\lambda_2 + \Delta\lambda}{\lambda + \Delta\lambda}(y - c)\right) = \dfrac{\lambda_2 + \Delta\lambda}{\lambda + \Delta\lambda}\,(Q + E(w') - c)$。然而

类型 2 提前采购的目的只是为了提高服务水平，其真实的需求率并没有改变，因此在这段时间内其真实需求数量为 $\frac{\lambda_2}{\lambda+\Delta\lambda}(Q+E(w')-c)$，而其多得到的 $\frac{\Delta\lambda}{\lambda+\Delta\lambda}(Q+E(w')-c)$ 将用来在系统停止供货时满足其需求，从而降低其缺货水平。因此在订货周期内类型 2 的期望缺货量为 $B'_2=E_{D_2(L-H'),H'}(D_2(L-H'))-\frac{\Delta\lambda}{\lambda+\Delta\lambda}(Q+E(w')-c)<B_2$。其中 $B'_2\geqslant 0$，因为 $B'_2<0$ 意味着类型 2 会购买比他实际需求量要多的产品，这并不合理。也因此，$\Delta\lambda$ 在 $B'_2=0$ 时取到其最大值。 □

性质 3.3: 随着 $\Delta\lambda$ 的增大，$E(T)$ 会减小。

证明 根据性质 1，随着 $\Delta\lambda$ 的增大，$D_1(L-H)$ 也会增大，根据 w 概率密度函数的定义，$E(w)$ 会相应减小，因此 $E(T)=L+[Q+E(w)-r]/\lambda$ 也会减小。 □

性质 3.1、3.3 表明周期内的类型 1 的缺货在增加，而周期在缩短，说明类型 1 的服务水平明显下降，低级别客户行为的改变影响了高级别客户的服务水平。性质 3.2、3.3 表明类型 2 的缺货和周期都在减小，因此无法判断低级别客户的行为是否给他们带来明显的获益，需要进一步通过数值分析来检验。同时，性质 3.3 表明 λ_2 的增长会缩短订货周期的期望长度，这一改变将影响到整个系统的平均成本，也需要进一步通过数值分析进行检验。

3.3 (r, Q, S)策略

(c, r, Q)策略的优势在于其利用共享库存来整合两个独立库存系统，获取规模经济，从而降低成本。由于其库存共享的机制在客户行为发生改变时会造成不利影响，我们试图设计一种固定数量分配策略 (r, Q, S) 来避免这类问题。

3.3.1　模型

仍然考虑和 (c, r, Q) 模型一样的环境，有两个服从泊松分布的需求类型 j，缺货是丢失的。各类参数如 λ_j，π_j，L，K，h 仍然具有相同的含义。在现有订货策略 (r, Q) 下，我们定义 S 为作为一个订货周期内类型 2 可以满足的最大数量，以此来限制类型 2 因提前购买而产生更多的需求。本书称之为 (r, Q, S) 策略。然而在使用 S 进行限制的同时，我们需要了解类型 2 实时的需求信息，从而计算其累计需求是否已经达到 S。这一要求在现有的信息系统的支持一下一般都能够实现，这使得 (r, Q, S) 策略的实施有了可能。由于可以实时了解两种类型的满足数量，可以将整个库存系统拆成两个有联系的库存子系统来分析。第一个子系统用来满足类型 1 的需求，仍然采用 (r, Q) 策略（这里的 r 和 Q 和整个系统的有所差异），并仍然假设 $r<Q$ 来保证只有一个在外订单。第二个子系统满足类型 2 的需求，采用 S 策略，即系统最大库存位置为 S。但是在第二个子系统中不会发出订单，所有的订单都是由第一个子系统发出的。当第一个系统的库存降到 r 时，就发出一个订单，订单的数量包含了两个系统的订单之和 $Q+S$，等到货时分别补给两个子系统。这样两个子系统就被结合起来了。两个系统的动态图（图 3 - 2）。

采用 (r, Q, S) 策略的目的是为了限制类型 2 的需求，这样无论 λ_2 如何变化，都无法对类型 1 的服务水平造成影响，因为类型 1 的 (r, Q) 策略是独立于类型 2 的 S 策略的。

下面将计算 (r, Q, S) 系统的成本。仍然根据 renewal-reward 定理，我们先计算一个周期内的总成本，然后除以周期的期望长度得到平

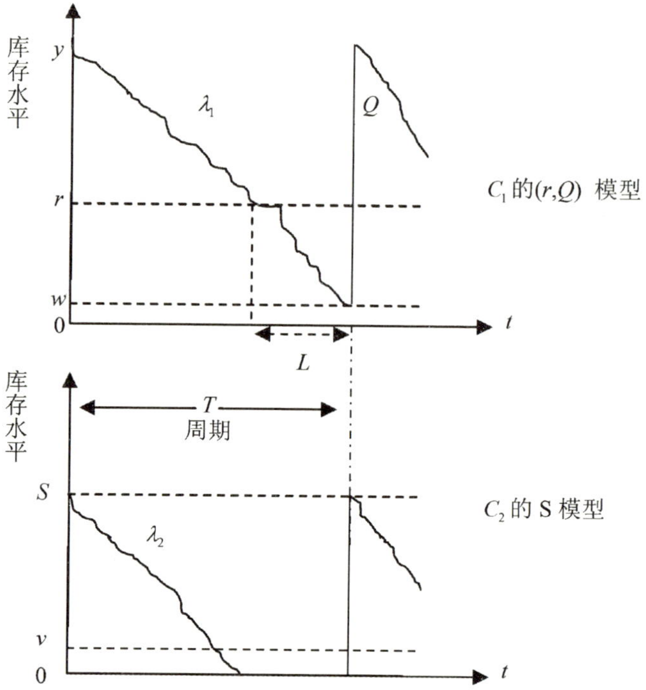

图 3-2　(r, Q, S)策略

均成本。周期内的总成本包含了两个系统的库存持有成本和缺货成本，以及整个系统的固定订货成本。这一成本计算的方法是基于 Rosling (2002)中 Lost Sales 模型的建模理念。

首先我们考虑类型 1 的(r, Q)系统。提前期内的需求可以表示为 $D_1(L)$。周期内的期望缺货数量为

$$B_1 = E([r - D_1(L)]^-) = \sum_{x=r}^{\infty}(x-r)\ p(x,\ \lambda_1 L)$$

期望缺货成本为 $\pi_1 B_1$。补货到达时的库存水平为 w,其期望值为

$$\begin{aligned} E(w) &= E([r - D_1(L)]^+) \\ &= E(r - D_1(L)) + E([r - D_1(L)]^-) \\ &= r - \lambda_1 L + B_1 \end{aligned}$$

补货后，库存水平为 y，$y=Q+w$，$0\leqslant w\leqslant r$。根据 PASTA 定理，库存从 y 下降到 w 的期望时间为 $(y-w)/\lambda_1=Q/\lambda_1$，因此其期望库存面积为

$$\begin{aligned}I_1&=E\left(\frac{y-w}{\lambda_1}\frac{y+w+1}{2}\right)\\&=\frac{Q}{\lambda_1}\left(\frac{Q+1}{2}+r-\lambda_1 L+B_1\right)\end{aligned}$$

期望库存成本为 hI_1。(r, Q)系统订货时需要为两个子系统都订货，因此(r, Q)系统直接决定了整个系统的订货周期 T。T 包含了库存水平从 y 下降到 r 的时间再加上提前期 L。T 的期望值为

$$\begin{aligned}E(T)&=E\left(\frac{y-r}{\lambda_1}\right)+L\\&=\frac{Q+E(w)-r}{\lambda_1}+L\\&=\frac{Q+B_1}{\lambda_1}\end{aligned}$$

下面我们计算类型 2 的 S 系统的成本。当 T 给定后，一个周期内的类型 2 的需求为 $D_2(T)$。因此周期内的期望缺货为 B_2，相应的缺货成本为 $\pi_2 B_2$。

$$\begin{aligned}B_2&=E_T([S-D_2(T)]^-)\\&=P(r, \lambda_1 L)\left(\sum_{x=0}^{S-1}(S-x)p\left(x, \lambda_2\frac{Q-r}{\lambda_1}\right)-\left(S-\lambda_2\frac{Q-r}{\lambda_1}\right)\right)\\&\quad+\sum_{w=1}^{r}(p(r-w, DL)\left[\sum_{x=0}^{S-1}(S-x)p\left(x, \lambda_2\frac{Q-r+w}{\lambda_1}\right)\right.\\&\quad\left.-\left(S-\lambda_2\frac{Q-r+w}{\lambda_1}\right)\right]\end{aligned}\tag{3-7}$$

然后我们需要计算 S 系统的库存成本。由于需求是随机的，因此当补货到达时，系统中可能还剩余一些库存，我们定义为 v，$E(v) = E([S - D_2(T)]^+)$。这里我们假设 $v = 0$，即忽略 v。因为当 $v > 0$ 时，补货到达后的期望库存水平为 $S + v \geqslant S$，这样就不再是 S 策略了。由于基础库存不再固定等于 0，则无法再构建库存水平的表达式，因为无论是库存水平还是需求都是随机的了。对于这一假设从实际意义上来看，由于在原来的(c, r, Q)模型中，c 是用来停止向类型 2 供货从而保留库存给高级别客户的，而在(r, Q, S)策略中 S 扮演了和 c 相同的角色，因此 S 不可能很大使得 $E(v)$很大，这样就起不到分配的作用了。因为如果 v 较大的话，说明分配给类型 2 的库存过多了。在实际运行中，由于需求是随机的，在期末有时会产生一定的剩余库存，这可以通过多种灵活的手段来使用，例如可以补充给类型 1。我们在数值分析中也验证了在适合采用(r, Q, S)策略的所有情况中 v 相对 S 都非常小，$E(v/S) < 0.1\%$，因此完全可以忽略不计。在此假设下，我们可以得到期望库存面积为 $I_2 = E\left(\dfrac{S}{2\lambda}(S+1)\right) = \dfrac{S}{2\lambda}(S+1)$，相应的库存成本为 $hI_2(S)$。

最后我们得到(r, Q, S)策略的平均成本 $AC(r, Q, S) = (K + hI_1 + hI_2 + \pi_1 B_1 + \pi_2 B_2)/E(T)$。我们的目标是求得最优参数$(r^*, Q^*, S^*)$。

在求解最优参数的过程中，由于目标函数过于复杂，没有一种算法能够保证获取最优解。我们采用了大范围参数枚举的方法获取了最优参数，并发现 AC 在参数(r, Q, S)的定义域内具有类似于凸函数的性质，但是由于需求是离散的，且表达式过于复杂，无法给予证明，但是我们的大范围的数值分析验证了这一性质。因此在后续数值分析时我们利用了这一性质来更快地计算最优参数。

3.3.2　客户行为影响分析

在(r, Q, S)策略下，当λ_2增加时，类型 1 的服务水平不再受到影响，同时对于类型 2 系统所造成的影响也是有利的。首先，由于S是类型 2 可以使用的最大库存量，无论$\Delta\lambda$如何增加，都无法获取更多的库存，因此周期内的实际缺货不会改变。同时由于$\Delta\lambda$的增加，导致消耗库存所需的时间从S/λ_2缩短为$S/(\lambda_2+\Delta\lambda)$，从而降低了库存成本，因为部分库存成本由于客户的提前购买转嫁到了客户身上。因此采用(r, Q, S)策略，当$\Delta\lambda$增加时，能够降低系统的成本，而不影响需求的服务水平。

3.4　数值分析

数值分析的目的是比较(c, r, Q)策略和(r, Q, S)策略在类型 2 采购行为发生改变情况下的表现。我们将要比较的指标是两种策略下期望平均成本AC之差的百分比，以及两种策略下类型 1 的服务水平Fr_1，从而了解不同策略对于成本和高级别客户服务水平的影响。定义比较指标如下：

$$AC=\frac{AC^{rQS}-AC^{crQ}}{AC^{crQ}} \tag{3-8}$$

$$Fr_1{}^{crQ}=\frac{\frac{\lambda_1}{\lambda}(Q+E(w)-c)+c-E(w)}{\frac{\lambda_1}{\lambda}(Q+E(w)-c)+c-E(w)+B_1} \tag{3-9}$$

$$Fr_1{}^{rQS}=\frac{Q}{Q+B_1} \tag{3-10}$$

我们考虑的基本参数环境为 $L=5$，$h=1$，$K=100$。我们将比较在不同 λ_1/λ_2 和 π_1/π_2 比值下两种策略各自的表现。我们的计算方法是，在给定一个 $\lambda_2+\Delta\lambda$ 的基础上，计算出两种策略的最优参数，然后再分别计算指标进行比较。我们选取了三种 λ_1/λ_2 取值组合 4/1、1/1、1/4 来模拟两类需求占总需求的比重不同情况。我们选取了三种 π_1/π_2 取值组合 10/5、20/5、100/5 来模拟类型 1 相比类型 2 不同的优先级。然后我们将 λ_1/λ_2 和 π_1/π_2 各自三种组合进行交叉配对，形成共 9 种情况进行比较。比较结果见图 3-3。

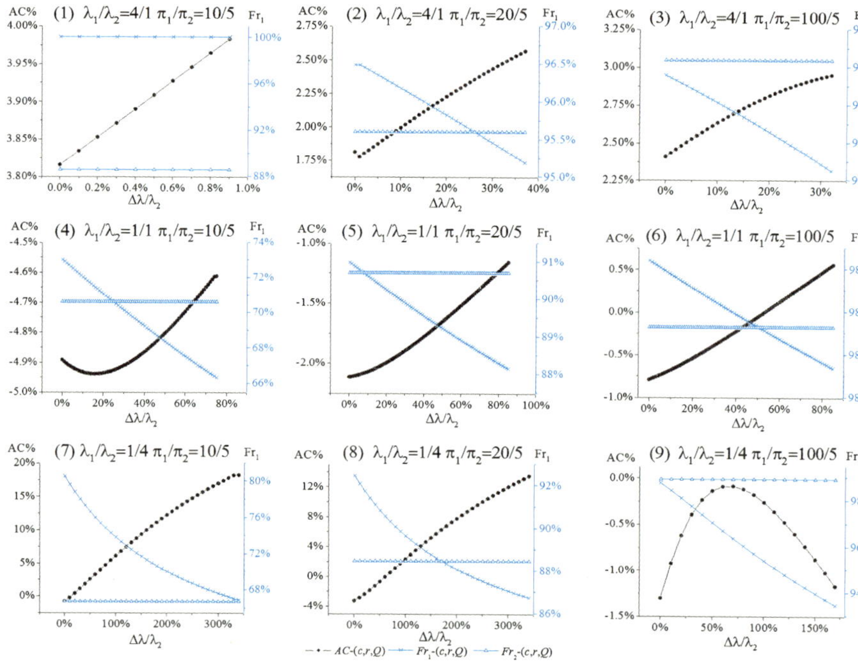

图 3-3 (1)～(9) 2 种策略的指标比较图

以上九张图是分别对 9 种情况下的 (c, r, Q) 策略和 (r, Q, S) 策略进行了比较分析。其中圆点粗线是 (r, Q, S) 相对 (c, r, Q) 的成本差百分比 $AC\%$，三角线则是 (r, Q, S) 策略下类型 1 的服务水平 Fr_1，可以看到该服务水平始终保持平稳，这是因为 (r, Q, S) 策略下 λ_2 的变化不会

影响到 Fr_1^{rQS}。十字线则是(c, r, Q)策略下类型 1 的服务水平 Fr_1，可以看到它随着 $\Delta\lambda/\lambda_2$ 的增加在不断地下降，这和我们之前对模型的分析判断是一致的。下面我们详细比较不同情况下两种策略的成本服务水平表现。

(1) 我们先对不同 π_1/π_2 比值情况进行分析，并按不同的 λ_1/λ_2 进行分类讨论。当 $\lambda_1/\lambda_2 = 4/1$ 时，类型 1 占总需求的大多数(图 3-3(1)～(3))。从类型 1 的服务水平 Fr_1 来看，随着 π_1/π_2 比值越来越大，(r, Q, S)策略的 Fr_1 表现越来越好，逐步超过了(c, r, Q)策略的表现。当 $\pi_1 = 100$ 时，(r, Q, S)的 Fr_1 完全在(c, r, Q)的上方。从成本来看，(r, Q, S)的成本要比(c, r, Q)的成本高 2%～4%，这是因为在这一情况下(r, Q, S)的周期要比(c, r, Q)短，节省的库存成本不够弥补所增加的缺货成本和订货成本，因此造成成本偏高。

当 $\lambda_1/\lambda_2 = 1/1$ 时，两种需求类型的比重接近(图 3-3(4)～(6))。从 Fr_1 来看，随着 λ_2 的增加(c, r, Q)策略下的 Fr_1 下降的非常明显，当$\pi_1 = 10$ 时 (图 3-3(4))从最高的 74%下降到了最低 66%，而(r, Q, S)策略下的 Fr_1 则始终保持稳定。从成本来看，(r, Q, S)也大多比(c, r, Q)低 1%～5%，这是因为当两类需求比例相同时，(c, r, Q)策略下 λ_2 的增加会明显缩短订货周期，导致平均订货成本明显上升，而(r, Q, S)的周期却是稳定的。

当 $\lambda_1/\lambda_2 = 1/4$ 时，类型 2 占总需求的大多数(图 3-3(7)～(9))。从 Fr_1 来看，(r, Q, S)的表现仍然随着 π_1 的增大而逐渐超过(c, r, Q)。在图 3-3(9)中，(r, Q, S)的 Fr_1 能够稳定的保持在 98%以上，而(c, r, Q)的 Fr_1 则最低下滑到 94%。但在图 3-3(7)的情况下，(r, Q, S)的成本和服务水平都比(c, r, Q)差，这是因为两类需求的缺货成本差别不大，而 λ_2 又占主导，使得系统近似于一个单一随机需求类型系统，凸显了(r, Q, S)策略在这类情况下的低效率性，但是这种需求类型差别不大的情况本身就不适合采用分配策略。

因此总结来说，(r, Q, S)在两类需求类型缺货成本 π_1/π_2 差别较大时，表现效果更好，虽然在部分情况下成本略高，但能够始终为重要客户提供稳定的服务水平，避免客户行为改变造成的风险。

(2) 在不同 λ_1/λ_2 比值的情况下对两种策略进行比较发现，当 $\lambda_1 = \lambda_2$ 时 (r, Q, S)策略的 Fr_1 表现最好，在大多数情况下都高于(c, r, Q)，并且成本也比(c, r, Q)较低。在另外两种情况下，(r, Q, S)策略的成本平均略高 1%，这主要是因为当类型 1 占主导或类型 2 占主导时 λ_2 的增长对系统影响不大，从而无法体现(r, Q, S)的优势。

总结来说，(r, Q, S)策略主要是当 λ_2 增加时对系统成本和一类需求服务水平影响较大时，表现较好，能够明显的超过(c, r, Q)策略。因此在两类需求占比接近或者 π_1 相比 π_2 较大时，使用(r, Q, S)策略更好。

(3) 进一步我们分析 $\Delta\lambda/\lambda_2$ 的增长情况。图中的横轴是 $\Delta\lambda/\lambda_2$，从 0 开始增长，一直到类型 2 的需求满足率达到接近于 100%为止。从图中我们看到，随着 λ_2 在总需求中的比重越来越大，$\Delta\lambda/\lambda_2$ 的最大值也不断增加。这是因为随着 λ_2 占比的增大，分配策略的实施对于第二类需求的影响也会增大，因此 λ_2 需要增长更多来恢复其在分配前的服务水平。

(4) 我们再分析提前期 L 对系统的影响。图 3-4 是在 $\lambda_1/\lambda_2 = 1/1$ 和 $\pi_1/\pi_2 = 20/5$ 的环境下，选取提前期 L 为 3、5、7 三种情况下，比较两种策略的表现。

从图 3-4 中，我们可以明显看到，当提前期在正常范围内 $(L = 3, 5)$，(r, Q, S)策略的成本低于(c, r, Q)，服务水平也稳定高于(c, r, Q)。而当提前期过长$(L=7)$时，(r, Q, S)效果不佳。这主要是由于当提前期过长时，会放大(r, Q, S)策略没有共享库存的弱点。在我们研

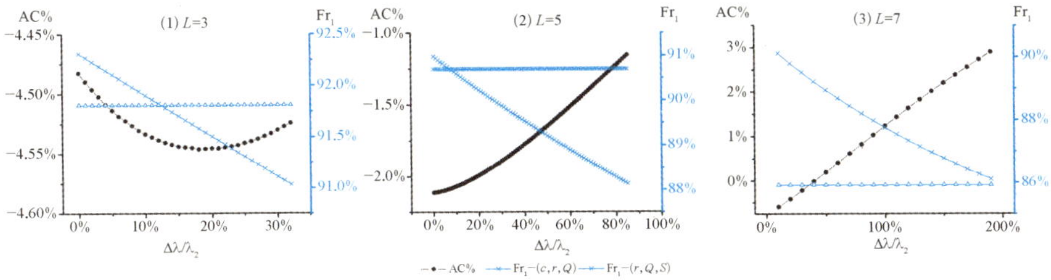

图 3-4　2 种策略不同提前期下的指标比较图

究的零售业中，过长的提前期是非常少见的，零售商大多在努力缩短提前期以降低其安全库存的数量，减少不确定性带来的风险。因此(r, Q, S)策略可以适用于在大多数实际情况。

3.5　结　　论

本章考虑一个面对两种随机需求类型的库存系统。两种需求类型的需求到达率和缺货成本都是不同的，因此可以区分高低两种优先级。为了有针对性的提供相应的服务水平并降低成本，已有文献提出一种关键水平策略(c, r, Q)来对库存进行分配。该策略通过共享库存来节约成本，并通过关键库存水平来提高高级别需求类型的服务水平，并降低低级别需求类型的服务水平。但客户对于分配策略的反应不同，低级别客户可能为了恢复到分配前的服务水平而在有货时产生提前购买行为，从而对高级别客户造成影响。为了避免这种风险，我们设计了一种固定数量策略(r, Q, S)，以限制低级别客户的需求满足量，防止其过度占用高级别客户的库存。通过分析策略性质发现，(r, Q, S)策略能够为高级别客户提供比较稳定的服务水平，而(c, r, Q)策略在低级别客户购买行为发生改变时，会降低高级别客户的服务水平。经过数值分析，我们发现(r, Q, S)在两类需求类型的需求量比较接近或者缺货成本差别较大的情况下表现要比(c, r, Q)好，其为高级别客户提供的服务水平较高且稳定，总成本较低。在实际应用中，(r, Q, S)策略也适合于零售业这种订货提前期不是很长的环境，为存在多种销售渠道且客户行为易改变的企业提供了一种较好的库存分配策略。

第4章 混合缺货控制方式下的库存分配策略

由于客户价值的不同，在管理库存中可能存在缺货成本和服务水平混合控制的方式。在确定型模型中，我们注意到为了得到最优决策，各个需求类型都会得到其目标服务水平。于是我们将这一研究拓展到了随机需求情况下，并利用门槛机制来处理因多个在外订单所产生的补货分配问题。由于问题的复杂性，我们利用在确定型模型下得到的性质设计了启发式算法来计算随机模型下的最优参数。我们也得到了参数的上下限范围从而限制搜索。数值结果表明当订货成本适中或偏高时，启发式算法表现很好。在最差的情况下当订货成本很小时(设为0)，启发式算法仍然能用来求解出可行方案，并在实际中实施优先级机制。这一混合机制能够在成本和服务水平两方面带来非常接近于帕累托前沿的绩效。进一步的研究表明，当高级别需求的量较少、需求类型服务要求差别较大、提前期较长时分配策略表现更好。这一结果也增强了我们对于分配策略的理解。

4.1 引言

由于服务行业这些年的快速发展，运营管理变得越来越以客户为中心。今天，不仅同一样产品对于客户的价值不同，客户对于供应绩效的评价标准也不同。尽管如此，在现有的文献中我们发现，尽管已经考虑了多种需求类型，但各种类型都被假设具有相同的缺货控制方式，即要么通过缺货成本来控制，要么通过服务水平约束来控制。之前阐述的企业实际案例激发了我们对于混合控制方式的研究。

本章我们仍然研究两个需求类型的库存分配策略。一个需求类型通过缺货成本来控制缺货，另一个通过最低服务水平来约束缺货。我们的目标是研究混合方式的交互作用，以及其对于管理的意义。更具体的讲，我们研究了如何得到这一混合方式系统的最优控制参数，以及在何种情况下分配策略能够给库存管理带来利益。

本章的结构如下：在背景介绍之后，我们先对确定需求类型的情况进行研究，得到最优策略及两个重要的性质以帮助我们在随机需求情况下设计启发式算法。在随机需求情况下，由于问题的复杂性(多个在外订单和复杂的缺货清除机制)，我们采用了门槛清除机制(Threshold clearing mechanism)(Deshpande 等，2003)来计算库存和服务水平。我们得到参数的上下限来帮助搜索最优参数。我们通过数值分析检验了启发式算法的效果。最后我们进行总结，并给出未来研究的方向。

4.2 确定型需求模型

4.2.1 符号定义

以下变量是在确定型模型中所使用的：

i：需求类型的编号，$i=1, 2$；

D_i：类型 i 的需求率，总需求率为 $D=D_1+D_2$；

u_i：类型 i 的缺货数量；

π_1：类型 1 的缺货成本（单位时间单位件数）；

w_2：类型 2 的最小服务水平（满足率 fill rate）；

F_i：类型 i 的实际缺货水平（满足率 fill rate）；

K：订货成本；

h：库存持有成本（单位时间单位件数）；

AC：系统平均成本；

Q：订货数量；

r：订货点；

c：关键分配水平；

T：订货周期；

t_i：类型 i 在 T 内的服务时间。

4.2.2　混合缺货控制模型的分配策略

就如引言中介绍的，在实际工作中不是所有的需求类型都是被平等对待的，这就导致了多种缺货控制的分配模型。在我们的研究中，我们同时考虑缺货成本和服务水平。在本节中，我们首先考虑一个需求为确定的简单模型，即有两种确定需求类型的 EOQ 系统。模型中允许缺货从而降低总成本。另外，我们将应用分配策略，即当库存水平到达分配水平 c 时，我们将停止向低级别的需求供货，而继续向高级别的客户供货。

由于两种类型具有不同的缺货控制方式，我们不能直接分辨他们的优先级，因此也不能决定当分配水平到达时应当停止向哪类需求类型供货。然而，在确定需求模型中，缺货是可以预计和计划的，这样两种需求类型其实可以看做是被独立满足的，因此我们可以将问题解构为两个子系统。在连续时间下，两个子系统拥有共同的订货周期 T。

进一步我们定义 t_i, $i=1, 2$ (其中 $t_i \leqslant T$) 作为类型 i 的服务时间，在此之前需求都是被满足的。其实这也表明了类型 i 的需求从何时开始面对缺货。对每个子系统来说，库存成本为 $hD_it_i^2/2$。类型 1 的缺货是计缺货成本的，因此在一个周期内的缺货成本是 $\pi_1 D_1(T-t_1)^2/2$。而对于类型 2，我们不计缺货成本，但具有服务水平约束 $F_2 \geqslant w_2$。已知 t_2/T 是类型 2 的准备率（ready rate）。由于时间是连续的，t_2/T 也可以看作是满足率（fill rate）（Axsäter，2006，pp 95）。这样混合控制模型可以表示如下：

$$\operatorname{Min} AC(T, t_1, t_2) = \frac{K + \frac{h}{2}(D_1 t_1^2 + D_2 t_2^2) + \frac{\pi_1}{2} D_1 (T - t_1)^2}{T} \tag{4-1}$$

$$\text{s. t.} \quad F_2(T, t_2) = \frac{t_2}{T} \geqslant w_2 \tag{4-2}$$

很容易证明目标函数 AC 是 (T, t_1, t_2) 的凸函数。另外，由于 AC 和 F_2 都是随着 t_2 递增的，我们得到最优方案 $t_2^*(T) = w_2 T$。根据一阶导数 $\partial AC/\partial t_1 = 0$，我们得到另一个最优决策 $t_1^*(T) = \frac{\pi_1}{h+\pi_1} T$。我们注意到给定任意 T，类型 1 的最优服务水平总是为 $F_1 = t_1^*/T = \pi_1/(h+\pi_1)$，其正好等于允许缺货下 EOQ 模型中给定缺货成本 π_1 和库存成本 h 的目标服务水平（Zipkin，2000，pp 45）。我们由此得到以下性质。

性质 4.1： 在混合缺货控制分配模型的最优方案中，类型 1 的服务水平是 $\pi_1/(h+\pi_1)$，类型 2 的服务水平是 w_2。

时间变量 (T, t_1, t_2) 可以很容易地转换为数量变量 (Q, u_1, c)，其

中 u_1 是类型 1 的缺货数量，在此也是作为再订购点（见图 4－1）。首先，我们很容易看到 $Q^* = DT^*$ 和 $u_i^* = D_i(T^* - t_i^*)$。其次关键分配水平 c 依赖于 t_1 和 t_2 的差值：

$$c = \begin{cases} D_1(t_1 - t_2), & t_1 > t_2(\pi_1/(h+\pi_1) > w_2) \\ D_2(t_2 - t_1), & t_1 < t_2(\pi_1/(h+\pi_1) < w_2) \\ 0, & t_1 = t_2(\pi_1/(h+\pi_1) = w_2) \end{cases} \tag{4-3}$$

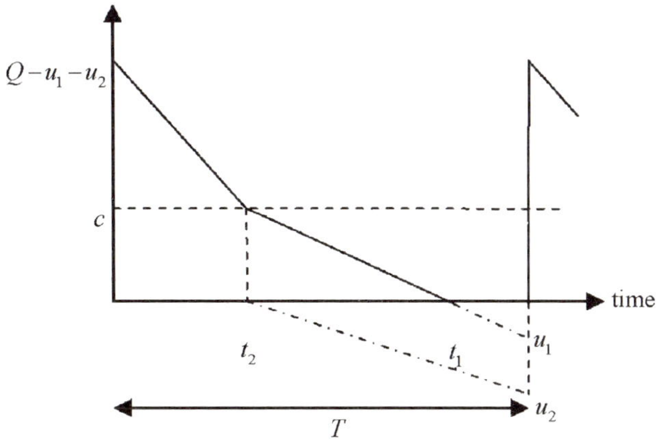

图 4－1　(T, t_1, t_2)策略转化为(Q, u_1, c)策略

在第一种情况下，由于 $t_1 > t_2$，类型 2 的需求在 t_2 开始缺货。这意味 $c = D_1(t_1 - t_2)$ 将保留给类型 1，因此类型 1 具有更高的优先级。进一步，$t_1 > t_2$ 等同于 $\pi_1/(h+\pi_1) > w_2$。这样意味着有较高目标服务水平的需求类型拥有较高的优先级。类似的，在第二种情况下，类型 2 具有更高的优先级。当两者目标服务水平相等时，我们拥有 $c=0$，此时分配是不需要的。我们因此得到以下结论：

性质 4. 2： 需求类型的优先级是由其目标服务水平所决定的。

在下一节的随机需求模型中，这两条性质将帮助我们搜索最优决策变量。

4.3 随机型需求模型

我们现在将研究拓展到随机需求情况下。我们考虑一个连续检查的(Q, r)模型，其具有两种需求类型 $i=1$, 2，每一种类型都服从泊松分布，其需求率为 λ_i，也就是说总需求率为 $\lambda=\lambda_1+\lambda_2$。订货提前期是一个常数，在此期间未满足需求都是缺货延误的。和之前相同的是，类型 1 对每件缺货计单位时间 π_1 的缺货费用，而类型 2 则要求最低 w_2 的服务水平。

我们仍然关注于静态分配水平策略：当库存水平降低到 c 时，低级别需求开始缺货。我们的目标是确定最优的策略参数(Q, r, c)来最小化成本，并考虑服务水平约束。然而我们面对的是混合缺货控制，两个需求类型的优先级还没有确定。参考确定型模型中的性质 4.1和性质 4.2，最优策略将分别满足两个需求类型的目标水平 $\pi_1/(h+\pi_1)$ 和 w_2。因此，在随机模型中，我们仍将比较 $\pi_1/(h+\pi_1)$ 和 w_2 来确定需求类型的优先级。这样将导致两个情况：$w_2 \leqslant \pi_1/(h+\pi_1)$ 和 $w_2 > \pi_1/(h+\pi_1)$。

与确定型模型相比，随机(Q, r, c)策略在分析中具有诸多困难。首先，可能同时存在多个在外订单，尤其是当提前期较长时。另外，当订货数量 Q 较小时，补货可能不足以清除两种类型所有的缺货。这样就导致了另一个补货分配问题，并使得模型分析进一步复杂。在以往对(Q, r, c)策略的研究中，已知最优缺货清除机制是首先清除高优先级的缺货。然而这一优先级清除机制(Priority clearing mechanism)由于缺乏服务水平和缺货的封闭数学表达式使得很难建模和分析。在我们的研究中，我们将采用 Deshpande 等(2003)设计的门槛清除机制

(Threshold clearing mechanism)进行建模。

4.3.1　门槛清除机制模型

由于我们研究随机混合控制分配模型，我们需要同时考虑缺货成本和服务水平。我们按照两种需求类型的不同优先级研究两种情况。

情况 1，$w_2 \leqslant \pi_1/(h+\pi_1)$。这意味类型 1 相比类型 2 具有更高的服务水平。当库存水平达到 c 时，我们停止向类型 2 供货。这样模型就变成：

$$\text{Minimize } AC(Q, r, c) = K\frac{\lambda}{Q} + H(Q, r, c) + \pi_1 u_1(Q, r, c) \tag{4-4}$$

$$\text{s.t. } F_2(Q, r, c) \geqslant w_2 \tag{4-5}$$

然后我们需要计算库存水平来得到成本函数的表达式。根据以上所述，当采用优先级清除机制时很难计算库存水平，因此我们采用门槛清除机制来构建易于分析的模型。Deshpande 等(2003)设计了这一机制：当补货达到时，根据缺货发生的顺序来清除缺货，其顺序就好像 Q 在一个提前期之前就存在一样。为了保持本研究的完整性，我们简单地介绍一下门槛清除机制。具体细节可以参考 Deshpande 等(2003)。

图 4-2 描述了当类型 1 具有较高优先级的情况下一个周期内的重要事件。第 j 个订单在时间 t_j 被发出，导致库存位置被提高到 $r+Q$。t_{u_i} 定义为类型 i 开始缺货的时间。t_{c_j} 定义为在时间区间 (t_j, t_j+L) 内第 $r+Q-c$ 个需求达到的时间。在区间 (t_j, t_{c_j}) 内，需求按照 FCFS 的规则被满足，因此按照缺货的到达顺序来清除。未满足的类型 2 的缺

货则被保留到下一次补货达到时再清除。然后剩余的补货则用来清除类型 1 在区间 (t_{c_j}, t_j+L) 的缺货。

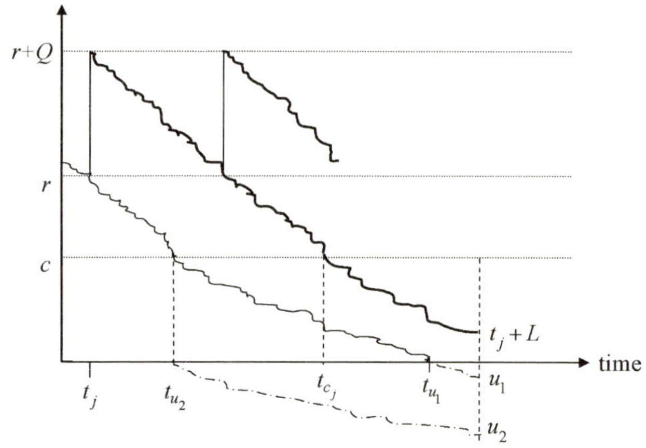

图 4－2　门槛清除机制

以上系统动态是建立在特定的再订货时间 t_s 上。这也可以被拓展到任意时间 t。在此机制下，任意时间 $t+L$ 的在手库存和缺货将依赖于 t 时刻的库存位置和需求在区间 $(t, t+L]$ 到达的顺序。

然后我们就可以计算库存水平的表达式。首先令 $\alpha_i=\lambda_i/\lambda$ 表示发生一个需求是类型 i 的概率。在 n 个需求中有 n_i 个是类型 i 的概率是一个二项分布 $b(\alpha_i; n; n_i)=C_n^{n_i}\alpha_i^{n_i}(1-\alpha_i)^{n-n_i}$。我们进一步令 y 为 t 时刻的库存位置。在 $t+L$ 时刻的在手库存为 j 的概率依赖于提前期内的需求。由于需求是一个泊松过程，y 则是在 $\{r+1, r+Q\}$ 中的均匀分布。这样期望库存持有成本可以表达为

$$H(Q, r, c)=h\sum_{y=r+1}^{y+Q}E\{y-D(t, t+L)+[D_1(t_c, t+L)-c]^+ + D_2(t_c, t+L)\} \quad (4-6)$$

$$=h\left\{\frac{Q+1}{2}+r-\lambda L+u_1(Q, r, c)+u_2(Q, r, c)\right\} \quad (4-7)$$

然后我们定义期望缺货为：$u_i(Q, r, c) = \frac{1}{Q}\sum_{y=r+1}^{r+Q} b_i(y, c)$，其中

$$b_1(y, c) = \sum_{x=y}^{\infty} p(x; \lambda L)\left[\sum_{j=0}^{x-y} jb(\alpha_1; x-(y-c); c+j)\right] \quad (4-8)$$

$$b_2(y, c) = \begin{cases} \sum_{x=(y-c)}^{\infty} \alpha_2(x-(y-c))p(x; \lambda L), & c \leqslant y \\ \lambda_2 L + \alpha_2(c-y), & c > y \end{cases} \quad (4-9)$$

$p(x, \mu)$定义为泊松分布的概率质量函数。

由于我们要考虑服务水平约束，因此期望服务水平可以表达为：$F_i(Q, r, c) = \frac{1}{Q}\sum_{y=r+1}^{r+Q} f_i(y, c)$，其中

$$f_1(y, c) = 1 - \sum_{x=y}^{\infty}\sum_{j=0}^{x-y} b(\alpha_1; x-(y-c); c+j)p(x; \lambda L) \quad (4-10)$$

$$f_2(y, c) = \begin{cases} \sum_{x=0}^{y-c-1} p(x; \lambda L), & c \leqslant y \\ 0, & c > y \end{cases} \quad (4-11)$$

这样我们就能够得到问题的所有表达式。进一步定义 $G(y, c) = h(y-\lambda L) + (h+\pi_1)b_1(y, c) + hb_2(y, c)$，我们可以简化平均成本函数为

$$AC(Q, r, c) = \frac{K\lambda + \sum_{y=r+1}^{r+Q} G(y, c)}{Q} \quad (4-12)$$

上述表达式具有和(Q, r)模型类似的结构。然而在我们的模型中，我们还要考虑服务水平约束。

情况 2，$w_2 > \pi_1/(h+\pi_1)$。在这一情况下，类型 2 具有更高的优先级。这样当库存水平降到 c 时应该停止向类型 1 供货。尽管在这一情

况下两类需求的优先级交叉了，但情况 2 下的表达式和情况 1 是对称的。

情况 2 中的 u_i 和 $F_i(i=1, 2)$ 和情况 1 中的 u_{3-i}和 $F_{3-i}(i=1, 2)$ 具有相同的表达式。为了不再构建一个类似的复杂模型，我们可以直接交换两类需求类型的一些属性，包括交换需求率 λ_i 以及缺货控制方式。这样类型 1 具有 w_2 的服务水平约束，而类型 2 具有缺货成本 π_1。然后我们重新定义 $G(y, c)=h(y-\lambda L)+hb_1(y, c)+(h+\pi_1)b_2(y, c)$，并设置新的约束 $F_1(Q, r, c)\geqslant w_2$。

4.3.2 优化

给定目标函数和约束，我们的目标是得到最优的库存控制参数 (Q, r, c)。考虑到复杂的表达式、服务约束、离散需求和参数，没有一种算法能够保证最优方案。

在 Deshpande 等(2003)的研究中，他们提出了一种最优的算法。给定 c，Deshpande 等(2003)能够证明 $G(y, c)$的凸性，这样他们的模型类似于(Q, r)策略，并可以利用 Federgruen 和 Zheng(1992)的方法来在给定 c 的情况下得到最优的订货量和订货点。而最优的 c 则是通过搜索所有可能的值来得到(当需求服从泊松分布时，基本上是包括 0 到 $Q+r$ 之间所有的值)。然而，他们的方法没有考虑服务水平约束。我们可以利用类似的方法，将我们模型中的服务水平转化为缺货成本来带入 Deshpande 等的方法中计算得到最优的 Q、r、c。但模型结构发生了改变，其得到的最优成本在新模型中并非最优。因此不能被应用到我们的问题中，我们也因此需要设计一种适合该问题的方法。

当考虑服务水平时，目前还没有一个很好的方法来求解随机需求下的最优(Q, r)策略。Platt 等(1997)提出了一个考虑服务水平约束的启发式算法，但他们的方法是基于提前期需求服从正态分布的假设。Agrawal 和 Seshadri(2000)研究了任意提前期需求分布的情况，并得到了(Q, r)的搜索上下限。他们的研究是基于需求分布是连续的假设。而我们的需求是离散的，并且决策参数 c 直接影响到了提前期需求的分布。因此在我们的模型中不再适合使用他们的方法来得到最优方案。因而我们设计了自己的启发式算法来求解问题。

4.3.3　启发式算法

在本节中，我们将介绍我们的启发式算法。该算法基于以下搜索规则：依次搜索 c, r, Q。为了改进搜索效率，我们根据模型的性质，得到了搜索参数的上下限和停止搜索的条件。

首先我们从确定型模型的性质 4.1 中注意到最优方案将满足每个需求类型的目标服务水平。我们利用该性质来设计 r 和 c 的上下限。给定 Q，我们计算 r 和 c 来使得 F_i 接近于对应的服务水平 $\pi_1/(h+\pi_1)$ 和 w_2。由于需求是离散的、决策变量是整数，服务水平只能接近于其目标。更具体的来说，F_1 可以从两侧来逼近于目标值，而 F_2 由于服务约束的限制只能从上方逼近目标值。下面先介绍引理 4.1。

引理 4.1： 高优先级类型的服务水平 $F_{high}(Q, r, c)$随 r 和 c 递增。低优先级类型的服务水平 $F_{low}(Q, r, c)$随 r 递增，随 c 递减。

此引理的变形已经在 Deshpande 等(2003)中得以证明。现在我们将计算两种优先级情况下参数的上下限。

情况 1， $w_2 \leqslant \pi_1/(h+\pi_1)$。

在此情况下，类型 1 具有较高的优先级。我们的目标是在给定 Q 的情况下，寻找 r 和 c 使得 $F_1(Q, r, c)$和 $F_2(Q, r, c)$分别接近于

$\pi_1/(h+\pi_1)$ 和 w_2。图 4-3 表示了不同 r 和 c 下的 $F_i(Q, r, c)$。

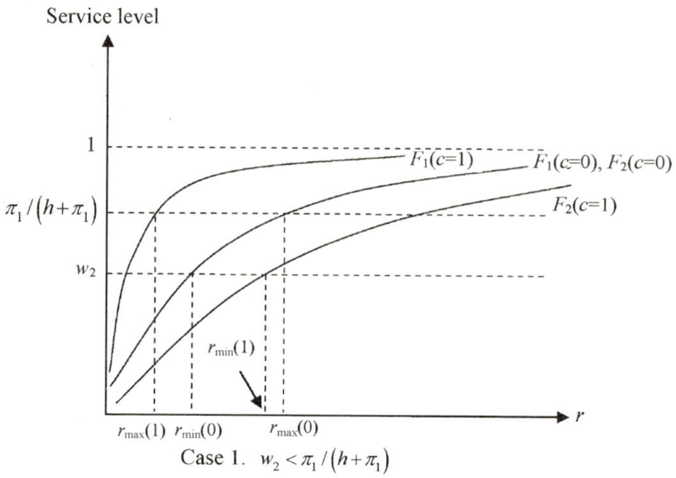

图 4-3　情况 1 下的 F_i 曲线

定义 $P(x, \mu)=\sum_{y=0}^{x} p(y, \mu)$ 作为泊松分布的累积分布函数。我们拥有以下引理。

引理 4.2：当 $w_2 \leqslant \pi_1/(h+\pi_1)$，给定 Q，r 的下限是 $r^l(Q)=min\left\{r \,\middle|\, \frac{1}{Q}\sum_{y=r+1}^{r+Q} P(y-1, \lambda L) \geqslant w_2\right\}$，上限是 $r^u(Q)=min\left\{r \,\middle|\, \frac{1}{Q}\sum_{y=r+1}^{r+Q} P(y-1, \lambda L) \geqslant \pi_1/(h+\pi_1)\right\}$。

证明　首先我们让 $F_2(Q, r, c)$接近于 w_2。根据图 4-3，由于服务约束，$F_2(Q, r, c)$只能从上方来接近 w_2。由于 $F_2(Q, r, c)$是随 r 递增的，那么当给定一个 c，存在一个最小的 r 满足约束 $F_2(Q, r, c) \geqslant w_2$。我们定义这个 r 为 $r_{min}(c)$。当 c 从 0 开始增加，F_2 曲线开始向右移动，因为 $F_2(Q, r, c)$是随 c 递减的(根据引理 4.1)。这样 $r_{min}(c)$也是向右移动的，也就是说 $r_{min}(0)=min\{r_{min}(c) \mid c \geqslant 0\}$。又因为 $F_2(Q, r, 0)=\frac{1}{Q}\sum_{y=r+1}^{r+Q} P(y-1, \lambda L)$，我们可以定义 r 的下限为

$r^l(Q)=r_{\min}(0)=min\left\{r\left|\frac{1}{Q}\sum_{y=r+1}^{r+Q}P(y-1,\lambda L)\geqslant w_2\right.\right\}$。

我们也可以通过类似的方法得到 r 的上限。我们的目标是使得 F_1 接近于 $\pi_1/(h+\pi_1)$。由于 F_1 是随着 r 递增的，当给定一个 c，存在一个最小的 r 满足 $F_1(Q,r,c)\geqslant\pi_1/(h+\pi_1)$ 使得 F_1 从上方接近于 $\pi_1/(h+\pi_1)$。根据之前的讨论，F_1 在原则上也可以从下方接近 $\pi_1/(h+\pi_1)$。但我们抛弃这种情况是为了保证得到 r 的上限。我们定义 r 的上限为 $r_{\max}(c)$。当 c 增加时，我们可以看到 F_1 是向左移动的（引理 4.1）。那么我们就有了 $r_{\max}(0)=max\{r_{\max}(c)\mid c\geqslant 0\}$。当 $c=0$ 时，$F_1(Q,r,0)=\frac{1}{Q}\sum_{y=r+1}^{r+Q}P(y-1,\lambda L)$。我们定义 r 的上限为 $r^u(Q)=r_{\max}(0)=min\left\{r\left|\frac{1}{Q}\sum_{y=r+1}^{r+Q}P(y-1,\lambda L)\geqslant\pi_1/(h+\pi_1)\right.\right\}$。

由于 $\frac{1}{Q}\sum_{y=r+1}^{r+Q}P(y-1,\lambda L)$ 是随 r 递增的，我们得到 $r^l\leqslant r^u$。这样我们就得到了 r 的上下限。　□

引理 4.3： 当 $w_2\leqslant\pi_1/(h+\pi_1)$ 时，给定 r，c 的下限是 $c^l=0$。我们逐步增加 c，直到满足以下条件时停止：i) 当 $Abs(F_1(Q,r,c)-\pi_1/(h+\pi_1))$ 开始增加时；ii) 当条件 $F_2(Q,r,c)\geqslant w_2$ 不再满足时。

证明　c 定义为一个非负的整数。由于任意 r 在区间 $\{r^l,r^u\}$ 内都满足条件 $F_2(Q,r,c)\geqslant w_2$，c 的下限明显是 0。现在我们需要得到停止搜索 c 的信号。由于 F_1 能够从上下两个方向逼近 $\pi_1/(h+\pi_1)$，因此我们重点考察 $Abs(F_1(Q,r,c)-\pi_1/(h+\pi_1))$。由于 $F_1(Q,r,c)$ 是随 c 递增的，这个差值是 c 的凸函数。因此当这个差值开始增加时，我们停

止搜索 c。同时，由于 $F_2(Q, r, c)$是随 c 递减的，我们应当在服务水平约束不满足时，停止增加和搜索 c。以上两个条件构成了停止搜索 c 的信号。 □

下面我们需要得到 Q 的下限和停止搜索的信号。根据观察，关于 Q 的最优成本 $AC^*(Q)$不是 Q 的光滑曲线(图 4-4)。其呈现出了一个先下降后上升的趋势。然而，其中存在许多小的下降值，导致了许多局部最优值。$AC^*(Q)$这些突然的变化主要和最优的 r 和 c 的变化有关，而这两个参数都被限制为整数。因此我们设计了一种搜索的算法来得到最优的 Q。

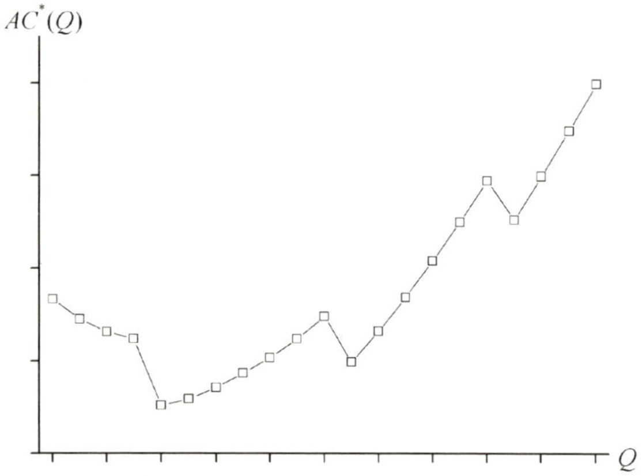

图 4-4 $AC^*(Q)$曲线

我们首先计算 Q 的下限。我们将成本 AC 分为两个部分，包括订货成本 $K\lambda/Q$，以及库存和缺货成本之和 $z_1 = h[(Q+1)/2 + r - \lambda L] + (h+\pi_1)u_1 + hu_2$。我们将两条曲线画在图 4-5 中。从直觉上来说随着 Q 的增大，最优的 r 和缺货 u_i会逐渐下降并趋近于 0。根据这一性质我们定义 $z_2 = h[(Q+1)/2 - \lambda L]$。从图中我们可以看到 z_1 随着 Q 的增加逐渐逼近 z_2，因此 z_1 的斜率总是比 z_2 要小(在图 4-5 中，z_1 的斜率总是小于 0.5)。如果我们进一步忽略 z_2 中的常数项 $h(1/2-\lambda L)$，我

们得到了 $z_3 = hQ/2$，这恰恰是 EOQ 模型的库存成本函数。$K\lambda/Q$ 和 z_3 之和在 $K\lambda/Q$ 的斜率等于负的 z_3 的斜率的时候取到最小值，这时最优的 Q 就是 $EOQ=\sqrt{2K\lambda/h}$。由于 z_1 比 z_2 的斜率要小，因此其斜率也比 z_3 小。根据最优值的必要条件，两个函数在斜率之和为 0 时取到最小值。由于 z_1 的斜率比 z_3 小，因此 z_1 和 $K\lambda/Q$ 之和的最小值在 EOQ 的右边。这样 EOQ 就是 Q 的下限。

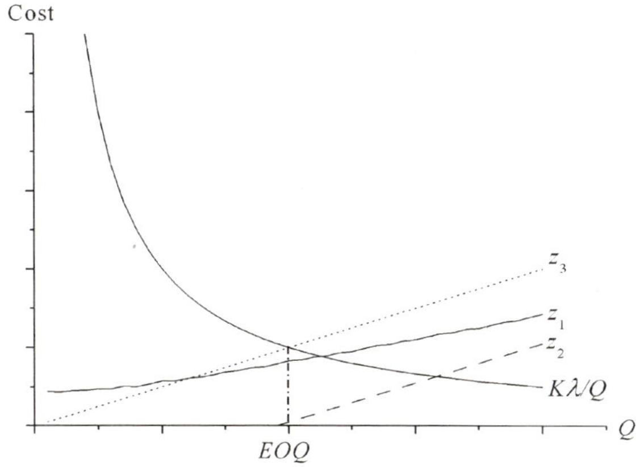

图 4－5　Q 的下限

然而我们仍然很难得到 Q 的上限的表达式，因此我们设计了停止搜索 Q 的信号。根据前面提到的，$AC^*(Q)$随着 Q 的增长不是平滑移动的，而是具有许多因整数 r 和 c 变化所造成的突然下降。在图 4－6 中，两条带有三角符号的曲线分别是给定 Q 的最优 r 和 c。我们可以看到任何 r 或者 c 的变化都会导致成本的突然改变，尤其是在曲线的底部。根据我们的观察，当 Q 从 0 开始增长时，$AC^*(Q)$先是单调递减的。随着 Q 的进一步增长，$AC^*(Q)$也会开始增长，但有时会有一步的突然下降，并导致一个局部最小值。这一“增长和突降”的现象会重复多次（见图 4－6）。当 Q 增长到一个较大值后，这种小的“突降”不再能降低 $AC^*(Q)$，只能减缓 $AC^*(Q)$增长的速度。这是因为 Q 已经足够大了，

最优的 r 和 c 都趋近于 0，$AC^*(Q)$ 主要被 Q 所主导。换一个角度来看，随着 Q 足够大，不再需要这么大的最优 r 来保护提前期的需求，因此 c 也不再需要用来区分服务水平，因为很大的 Q 已经足以提供所有类型以最高的服务水平。这样，当 Q 很大时，$AC^*(Q)$ 开始单调上升。基于以上原理和观察，我们设计了停止搜索 Q 的规则。

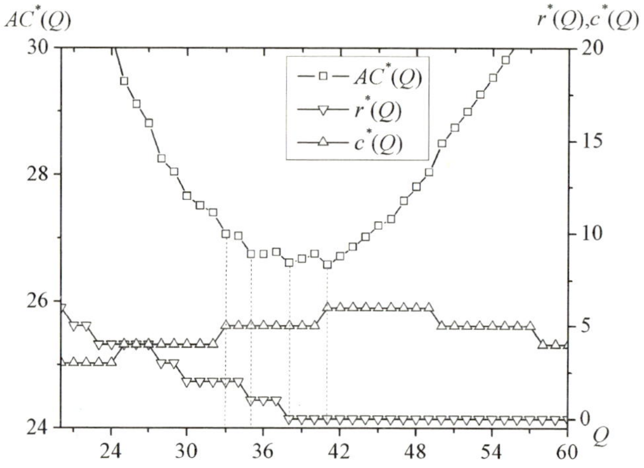

图 4-6　$AC^*(Q)$，$r^*(Q)$和 $c^*(Q)$的曲线图

我们从 EOQ 开始增加 Q，并不断更新最优的 AC^*。同时，当 $r^*(Q)$或$c^*(Q)$发生改变时，我们比较 $AC^*(Q)$和现有最低值。如果 $AC^*(Q)$更小，我们将其作为新的最优值，如果 $AC^*(Q)$较大，我们则停止搜索，并认定之前的最小值为最优值。在我们之后的数值分析中，这一规则始终保证我们能够得到最优的 Q。

情况 2，$w_2 > \pi_1/(h+\pi_1)$。

在这一情况下，类型 2 具有更高的优先级。我们的目标仍然是得到决策变量的上下限。其原理和情况 1 相同。在这里我们给出引理 4.4 和引理 4.5 来计算最优的 r 和 c。而最优的 Q 仍然按照情况 1 中的搜索方法来求得。

引理 4.4： 当 $w_2 > \pi_1/(h+\pi_1)$，给定 Q，r 的下限是 $r^l(Q) = max\left\{r \left| \frac{1}{Q}\sum_{y=r+1}^{r+Q} P(y-1, \lambda L) \leqslant \pi_1/(h+\pi_1)\right.\right\}$，上限是 $r^u(Q) = min\left\{r \left| \frac{1}{Q}\sum_{y=r+1}^{r+Q} P(y-1, \lambda L) \geqslant w_2\right.\right\}$。

引理 4.5： 当 $w_2 > \pi_1/(h+\pi_1)$ 时，给定 r，c 的下限是 $c^l(Q) = min\{c \mid F_2(Q, r, c) \geqslant w_2\}$。我们逐步增加 c，直到 $Abs(F_1(Q, r, c) - \pi_1/(h+\pi_1))$ 开始增加时停止搜索。

引理 4.5 具有和引理 4.3 不同的 c 的下限。事实上在情况 2 中，当 $w_2 > \pi_1/(h+\pi_1)$ 时，只有 r^u 满足条件 $F_2(Q, r, c) \geqslant w_2$。因此我们需要增加 c 来满足 $F_2(Q, r, c) \geqslant w_2$。又因为 $c \geqslant c^l$ 已经保证了该条件，我们因此不需要第二个条件来停止搜索 c。

另外我们想强调的是在引理 4.2 和引理 4.4 中，r 的上下限是独立于 c 的。当 Q 给定后，r 的上下限就变成了常数。这一性质给我们在算法设计中带来了好处。下面我们就将根据这些分析和引理设计了搜索 c，r 和 Q 的算法(见 Algorithm1)。

Algorithm 1 门槛清除机制启发式算法

$Q = \sqrt{2K\lambda/h}$
for $r = r^l(Q)$ to $r^u(Q)$ **do**
　$c = c^l(Q)$
　while $\{F_2(Q, r, c) \geqslant w_2\}$ AND $\{Abs(F_1(Q, r, c) - \pi_1/(h+\pi_1))$ is not increasing$\}$ **do**
　　$AC^*(Q) = min\{AC(Q, r, c), AC^*(Q)\}$
　　$c = c+1$
　end while
end for
if $\{r^*(Q)$ or $c^*(Q)$ changes$\}$ and $\{AC^*(Q) > AC^*\}$ **then**
　Stop algorithm
else
　$AC^* = min\{AC^*(Q), AC^*\}$
　$Q = Q+1$, Goto step 2.
end if

需要强调的是我们的算法和 Deshpande 等(2003)是不同的。它们首先固定 c,然后使用 Federgruen 和 Zheng(1992)的方法来搜索最优的(Q, r)。这样搜索(Q, r)是很快,但是需要花费比较多的时间在一个开放的空间里搜索最优 c。和他们的相比,我们的算法得到了所有决策变量的上下限和停止搜索规则,从而使得搜索范围更小。

我们同样需要强调的是这些上下限是非常重要的,因为搜索方法往往会非常耗时。同时 u_i 和 F_i 的计算非常复杂,因为其累加了泊松分布和二项分布的概率质量函数的乘积从某个特定的值到无穷大。而这一计算步骤需要在任何参数改变时重复进行。在我们的算法中,我们停止计算两种概率的乘积当它们小于 10^{-10}。

4.4 数值分析

在这部分,我们进行数值分析。我们有三个方面的目的。第一,我们比较门槛机制算法得到的解和枚举算法得到的最优解来了解启发式算法的效果。第二,我们比较了门槛机制和优先级清除机制来了解门槛机制是否适合我们混合缺货控制模型。第三,我们比较了分配和不分配策略来识别分配策略在成本和服务方面的优势。

为了尽可能涵盖较大的范围,我们产生了 252 个数值样本,其具有不同的需求比率 ($\alpha_1=\lambda_1/\lambda=0.2, 0.5, 0.8, \lambda=10$),订货成本 ($K=0, 20, 50, 100$),提前期 ($L=1, 3, 5$) 和类型 2 的最低服务水平 ($w_2=0.6, 0.7, 0.8, 0.85, 0.9, 0.95, 0.99$)。另外,我们固定了订货成本为 $h=1$ 及类型 1 的缺货成本 $\pi_1=9$,这也对应了 90%的目标服务水平。

4.4.1　启发式算法的效果

我们将启发式算法得到的结果和完全枚举方法得到的最优策略进行比较。在两种方法中，我们都使用了门槛清除机制。在表 4－1 中我们列出了所有样本的成本差百分比。可以看到，除了 4 个样本之外，启发式算法的方案完全和枚举法的相同。而在那四个不同的样本中，其最高的成本差也只有 0.7%。这样，我们可以总结说，启发式算法是一个非常好的近似算法，能够得到非常接近最优方案。

在以上 4 个样本中，其差别主要是由于启发式算法的 c 较小所导致的。当订货成本很大或者提前期较小时，最优的 Q 变大而最优的 r 变小(在 4 个样本中，r 总是等于 0)。这样，关键水平 c 对两个类型的服务水平具有很大的影响。由于 c 受限为一个整数，因而很难保证令 F_1 和 F_2 同时等于目标值。根据启发式算法的原理，F_1 应当接近于 $\pi_1/(h+\pi_1)$，而 F_2 只需比 w_2 大。在这 4 个样本中，当 F_1 的值最接近于 $\pi_1/(h+\pi_1)$ 我们停止搜索 c。这导致提供给了类型 2 不必要的服务水平，从而造成了较高的成本。事实上，在这些样本中，当我们稍微增加一点 c 时(比启发式算法的大一个单位)，F_1 会远离一点 $\pi_1/(h+\pi_1)$，而 F_2 会降低(但仍大于 w_2)，而恰恰是这样，我们得到了最优策略。这一错误提醒我们当 $r=0$ 时使用启发式算法可能高估低优先级类型的服务水平，低估高优先级类型的服务水平。如果我们注意到服务水平偏离了目标值，很可能发生了以上现象。

就计算时间而言，启发式算法表现也非常好。我们使用 C 语言设计了相应的程序来实施两种算法。用来计算的电脑具有 1.8 G 的 CPU 速度。在完全枚举算法中，我们在 $Q\in\{1, 200\}$，$r\in\{1, 100\}$，$c\in\{1, 20\}$ 的范围中搜索最优方案。在测试中我们验证了这一范围足够在所有样本中找到最优策略。然而该搜索方法非常耗时。其每个样本的平均计算时间是 120 分钟。然而启发式算法得到近似最优方案的平均时间为 1 秒钟($L=1$)，1.1 分钟($L=3$)和 8.5 分钟($L=5$)。其计算时间随 L 增长不断增加的原因是因为 r 逐渐变大使得 c 的搜索范围逐步变大。在所有样本中，最优的 Q 的变化范围为 1 到 68，其范围是 Deshpande 等(2003)中的样本所考虑的 5 倍。这说明我们的算法在 Q 较大时仍然胜任。另外这也证明了区间{1, 200}足够搜索到最优的 Q。以上计算时间证明启发式算法能够被应用在实际中。

表 4-1 门槛算法的结果与最优方案的成本比较
(成本差百分比%=(heuristic-optimal)/optimal，* 最优方案的 F_1)

$\alpha_1=0.2$												
	$L=1$				$L=3$				$L=5$			
w_2	$K=0$	20	50	100	$K=0$	20	50	100	$K=0$	20	50	100
0.6	0.0	0.0	**0.6(93%*)**	**0.3(95%)**	0.0	0.0	0.0	0.0	0.0	0.0	0.0	0.0
0.7	0.0	0.0	0.0	**0.3(95%)**	0.0	0.0	0.0	0.0	0.0	0.0	0.0	0.0
0.8	0.0	0.0	0.0	0.0	0.0	0.0	0.0	0.0	0.0	0.0	0.0	0.0
0.85	0.0	0.0	0.0	0.0	0.0	0.0	0.0	0.0	0.0	0.0	0.0	0.0
0.9	0.0	0.0	0.0	0.0	0.0	0.0	0.0	0.0	0.0	0.0	0.0	0.0
0.95	0.0	0.0	0.0	0.0	0.0	0.0	0.0	0.0	0.0	0.0	0.0	0.0
0.99	0.0	0.0	0.0	0.0	0.0	0.0	0.0	0.0	0.0	0.0	0.0	0.0
$\alpha_1=0.5$												
	$L=1$				$L=3$				$L=5$			
w_2	$K=0$	20	50	100	$K=0$	20	50	100	$K=0$	20	50	100
0.6	0.0	0.0	0.0	**0.7(94%)**	0.0	0.0	0.0	0.0	0.0	0.0	0.0	0.0
0.7	0.0	0.0	0.0	0.0	0.0	0.0	0.0	0.0	0.0	0.0	0.0	0.0
0.8	0.0	0.0	0.0	0.0	0.0	0.0	0.0	0.0	0.0	0.0	0.0	0.0
0.85	0.0	0.0	0.0	0.0	0.0	0.0	0.0	0.0	0.0	0.0	0.0	0.0
0.9	0.0	0.0	0.0	0.0	0.0	0.0	0.0	0.0	0.0	0.0	0.0	0.0
0.95	0.0	0.0	0.0	0.0	0.0	0.0	0.0	0.0	0.0	0.0	0.0	0.0
0.99	0.0	0.0	0.0	0.0	0.0	0.0	0.0	0.0	0.0	0.0	0.0	0.0

续　表

$\alpha_1=0.8$												
	$L=1$				$L=3$				$L=5$			
w_2	$K=0$	20	50	100	$K=0$	20	50	100	$K=0$	20	50	100
0.6	0.0	0.0	0.0	0.0	0.0	0.0	0.0	0.0	0.0	0.0	0.0	0.0
0.7	0.0	0.0	0.0	0.0	0.0	0.0	0.0	0.0	0.0	0.0	0.0	0.0
0.8	0.0	0.0	0.0	0.0	0.0	0.0	0.0	0.0	0.0	0.0	0.0	0.0
0.85	0.0	0.0	0.0	0.0	0.0	0.0	0.0	0.0	0.0	0.0	0.0	0.0
0.9	0.0	0.0	0.0	0.0	0.0	0.0	0.0	0.0	0.0	0.0	0.0	0.0
0.95	0.0	0.0	0.0	0.0	0.0	0.0	0.0	0.0	0.0	0.0	0.0	0.0
0.99	0.0	0.0	0.0	0.0	0.0	0.0	0.0	0.0	0.0	0.0	0.0	0.0

4.4.2　清除机制的评价

Deshpande 等(2003)中提到了优先级清除机制是最优机制，而门槛机制是其近似机制(为了得到可以分析的表达式)。Deshpande 等(2003)比较了两种机制，发现门槛机制在订货成本不是很小时，表现非常接近于优先级机制。我们也利用门槛机制来构建我们的模型从而得到可以分析的表达式。然而我们的问题是混合缺货控制模型，所以我们需要验证门槛机制在我们模型中的表现。因此，我们首先通过枚举加仿真的方式得到了优先级机制的最优策略，然后和门槛机制(启发式算法)进行比较。我们利用 C 语言开发了仿真程序，在每个样本中我们使用 5 000 万个需求来仿真，并在之前提到的范围中搜索最优的 Q，r，c。我们将成本差百分比列在表 4－2 中。

我们注意到门槛机制的绩效很大程度上依赖于 K 的大小。首先，当 $K>0$ 时，两种机制的区别仍然只是上一节提到的 4 个样本。这样当 K 适中或较大时，门槛机制和启发式算法能够提供一个很好的近似结果。

表 4-2　门槛机制和优先级机制的比较
(成本差百分比%=(threshold-priority)/priority)

$\alpha_1=0.2$												
	$L=1$				$L=3$				$L=5$			
w_2	$K=0$	20	50	100	$K=0$	20	50	100	$K=0$	20	50	100
0.6	**17.8**	0.0	**0.6**	**0.3**	**26.7**	0.0	0.0	0.0	**26.1**	0.0	0.0	0.0
0.7	**8.5**	0.0	0.0	**0.3**	**18.2**	0.0	0.0	0.0	**18.2**	0.0	0.0	0.0
0.8	**3.7**	0.0	0.0	0.0	**7.5**	0.0	0.0	0.0	**10.9**	0.0	0.0	0.0
0.85	**3.8**	0.0	0.0	0.0	**4.2**	0.0	0.0	0.0	**7**	0.0	0.0	0.0
0.9	**1.6**	0.0	0.0	0.0	**2.6**	0.0	0.0	0.0	**3.5**	0.0	0.0	0.0
0.95	**−0.7**	0.0	0.0	0.0	**−1.7**	0.0	0.0	0.0	**−1.9**	0.0	0.0	0.0
0.99	**2.3**	0.0	0.0	0.0	**4.1**	0.0	0.0	0.0	**6.5**	0.0	0.0	0.0
$\alpha_1=0.5$												
	$L=1$				$L=3$				$L=5$			
w_2	$K=0$	20	50	100	$K=0$	20	50	100	$K=0$	20	50	100
0.6	**13.4**	0.0	0.0	**0.7**	**36.5**	0.0	0.0	0.0	**41.4**	0.0	0.0	0.0
0.7	**13.9**	0.0	0.0	0.0	**21.8**	0.0	0.0	0.0	**27**	0.0	0.0	0.0
0.8	**6.9**	0.0	0.0	0.0	**13.8**	0.0	0.0	0.0	**17.6**	0.0	0.0	0.0
0.85	**6.6**	0.0	0.0	0.0	**8.6**	0.0	0.0	0.0	**14.2**	0.0	0.0	0.0
0.9	**2.9**	0.0	0.0	0.0	**5.2**	0.0	0.0	0.0	**7.5**	0.0	0.0	0.0
0.95	**0.1**	0.0	0.0	0.0	**2.8**	0.0	0.0	0.0	**−0.8**	0.0	0.0	0.0
0.99	**3.1**	0.0	0.0	0.0	**5.5**	0.0	0.0	0.0	**5.7**	0.0	0.0	0.0
$\alpha_1=0.8$												
	$L=1$				$L=3$				$L=5$			
w_2	$K=0$	20	50	100	$K=0$	20	50	100	$K=0$	20	50	100
0.6	**9.9**	0.0	0.0	0.0	**21**	0.0	0.0	0.0	**26.2**	0.0	0.0	0.0
0.7	**6.1**	0.0	0.0	0.0	**16.1**	0.0	0.0	0.0	**23.2**	0.0	0.0	0.0
0.8	**4.8**	0.0	0.0	0.0	**9.3**	0.0	0.0	0.0	**14**	0.0	0.0	0.0

续　表

$\alpha_1=0.8$												
	$L=1$				$L=3$				$L=5$			
w_2	$K=0$	20	50	100	$K=0$	20	50	100	$K=0$	20	50	100
0.85	**4.9**	0.0	0.0	0.0	**7.1**	0.0	0.0	0.0	**11.2**	0.0	0.0	0.0
0.9	**2.1**	0.0	0.0	0.0	**4.7**	0.0	0.0	0.0	**6.4**	0.0	0.0	0.0
0.95	**−0.5**	0.0	0.0	0.0	**−3.8**	0.0	0.0	0.0	**−3.9**	0.0	0.0	0.0
0.99	**7.4**	0.0	0.0	0.0	**2.8**	0.0	0.0	0.0	**1.8**	0.0	0.0	0.0

当 $K=0$ 时，情况完全不同了。我们注意到两种机制的成本差百分比要比 Deshpande 等(2003)中的大很多。当 $K=0$，Q 降低为单位值 1，这时清除机制变得非常重要。在混合控制模型中，只有类型 1 具有缺货成本。当类型 1 具有更高的优先级时($w_2 \leqslant \pi_1/(h+\pi_1)$)，优先级机制首先清除类型 1 的缺货，并可能保留部分类型 2 的缺货到下一个订单到达时。由于类型 2 对缺货成本没有影响，该机制能够显著降低成本。这一点可以在表 4-2 中看到，当 w_2 很小时($w_2=0.6$)门槛机制的成本比较高。当类型 2 具有较高的优先级时($w_2>\pi_1/(h+\pi_1)$)优先级机制不再具有成本优势。当 $w_2=0.95$ 时共有 7 个样本的结果显示优先级机制的成本要比门槛机制高。在这些样本中，优先级机制先清除类型 2 的缺货，并保留部分类型 1 的缺货到下一个订单到达时，这样会导致较高的缺货成本。

在我们的模型里，我们同时考虑了成本和服务水平作为绩效评价指标。为了有一个彻底的分析，我们进一步比较了清除机制的结果。除了门槛机制和优先级机制之外，我们也考虑和一种混合机制，即使用门槛机制得出的方案作为优先级机制进行实施。我们将计算结果列在表 4-3 中。

表 4-3 $K=0$ 时门槛机制、混合机制、优先级机制的比较
(成本差百分比%=(x-priority)/priority,服务水平差%=x-priority)

$\alpha_1=0.2$,成本差(服务水平差)						
w_2	$L=1$		$L=3$		$L=5$	
	threshold vs. priority	hybrid vs. priority	threshold vs. priority	hybrid vs. priority	threshold vs. priority	hybrid vs. priority
0.6	17.8(0.1)	0.0(0.0)	26.7(0.2)	9.9(0.3)	26.1(0.0)	6.9(0.0)
0.7	8.5(0.1)	0.0(0.0)	18.2(−0.2)	11.8(−0.1)	18.2(0.0)	8.6(−0.1)
0.8	3.7(−0.3)	0.0(0.0)	7.5(0.1)	0.0(0.0)	10.9(0.0)	0.0(0.0)
0.85	3.8(0.0)	0.0(0.0)	4.2(0.0)	0.0(0.0)	7(−0.3)	0.0(0.0)
0.9	1.6(0.0)	0.0(0.0)	2.6(0.0)	0.0(0.0)	3.5(−0.1)	0.0(0.0)
0.95	−0.7(0.0)	0.0(0.0)	−1.7(−0.7)	12.3(1.5)	−1.9(−0.3)	4.1(1.0)
0.99	2.3(0.0)	5.7(0.3)	4.1(−0.1)	7.7(0.4)	6.5(0.0)	15.7(0.7)
$\alpha_1=0.5$,成本差(服务水平差)						
w_2	$L=1$		$L=3$		$L=5$	
	threshold vs. priority	hybrid vs. priority	threshold vs. priority	hybrid vs. priority	threshold vs. priority	hybrid vs. priority
0.6	13.4(0.1)	0.0(0.0)	36.5(−0.1)	21.6(−0.1)	41.4(0.2)	17.8(0.1)
0.7	13.9(0.1)	0.0(0.0)	21.8(0.1)	9.6(0.0)	27(0.4)	7.9(0.5)
0.8	6.9(0.0)	0.0(0.0)	13.8(−0.2)	0.0(0.0)	17.6(−0.5)	2.7(−0.4)
0.85	6.6(0.1)	0.0(0.0)	8.6(−0.2)	0.0(0.0)	14.2(0.1)	0.0(0.0)
0.9	2.9(−0.1)	0.0(0.0)	5.2(−0.1)	0.0(0.0)	7.5(−0.2)	0.0(0.0)
0.95	0.1(−0.8)	1.5(−0.8)	2.8(0.5)	10.1(2.7)	−0.8(0)	7.3(3.0)
0.99	3.1(−0.2)	7.6(0.3)	5.5(−0.1)	8.3(0.5)	5.7(−0.2)	13.3(0.6)

续　表

$\alpha_1=0.8$，成本差(服务水平差)						
w_2	$L=1$		$L=3$		$L=5$	
	threshold vs. priority	hybrid vs. priority	threshold vs. priority	hybrid vs. priority	threshold vs. priority	hybrid vs. priority
0.6	9.9(0.0)	2.9(0.0)	21.0(0.4)	5.0(0.4)	26.2(−0.6)	8.4(−0.5)
0.7	6.1(0.0)	0.0(0.0)	16.1(0.2)	0.0(0.0)	23.2(3.9)	4.7(3.9)
0.8	4.8(−0.1)	0.0(0.0)	9.3(−0.4)	0.0(0.0)	14.0(0.2)	1.9(0.2)
0.85	4.9(0.0)	0.0(0.0)	7.1(−0.1)	0.0(0.0)	11.2(−0.2)	0.4(−0.3)
0.9	2.1(0.0)	0.0(0.0)	4.7(0.1)	0.0(0.0)	6.4(0.1)	0.0(0.0)
0.95	−0.5(0.0)	0.0(0.0)	−3.8(−2.3)	0.0(0.0)	−3.9(−2.9)	0.0(0.0)
0.99	7.4(0.0)	8.1(0.4)	2.8(0.1)	4.9(0.7)	1.8(−0.2)	3.6(0.6)

在表 4 - 3 中，成本的差别往往在 w_2 和 $\pi_1/(h+\pi_1)$ 的差距增大时产生。然而在很多情况下，混合机制能够减少成本差距，并改进绩效。在几个混合机制成本较高的样本中，其服务水平也提高了。因此为了验证混合机制的优越性，我们画出了三种机制的 Pareto 前沿(成本和服务水平)。由于当 $K=0$ 时所有的样本都具有相同的图形模式，我们在图4 - 7 中只展示了一个样本。纵轴代表了类型 2 的服务水平逐步上升，横轴代表了成本的逐步降低。很明显优先级机制是在最外面的，也就是说在成本和服务水平两个维度下其仍然是最优的。而混合机制则得到了非常好的近似结果。同时当门槛机制被使用时，在某些情况下结果不理想。

4.4.3　分配策略的绩效

下面我们分析分配策略的绩效，目的是说明在哪些情况下分配策略

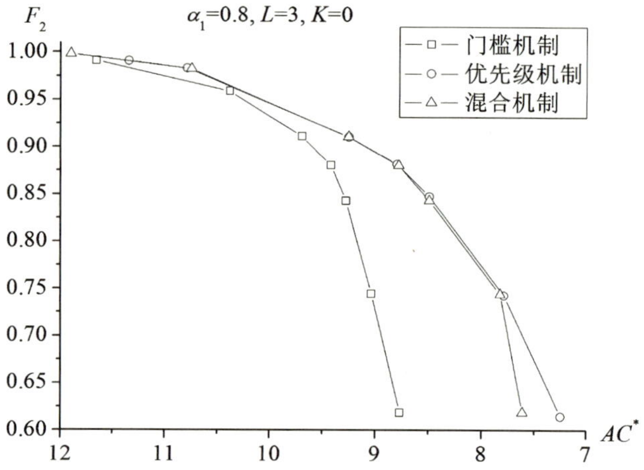

图 4-7 三种机制的 Pareto 前沿

是有必要的，能够给库存系统带来效益的。由于我们的启发式算法质量较高，可以直接作为分配策略来和不分配策略（当 $c=0$ 时用完全枚举法搜索）进行比较。成本差别列在表 4-4 中。

表 4-4 分配和不分配策略的比较
（成本差百分比%=（分配－不分配）/不分配）

$\alpha_1=0.2$												
	L=1				L=3				L=5			
w_2	K=0	20	50	100	K=0	20	50	100	K=0	20	50	100
0.6	0.0	−9.5	−6.0	−3.0	−12.0	−10.2	−11.0	−11.8	−10.7	−11.4	−11.5	−11.8
0.7	0.0	−3.0	−3.8	−3.0	−0.3	−3.5	−3.9	−4.2	−2.7	−4.7	−4.5	−4.4
0.8	0.0	0.0	0.0	−0.7	0.0	0.0	−0.4	−0.6	0.0	−0.5	−0.5	−0.7
0.85	0.0	0.0	0.0	0.0	0.0	0.0	0.0	0.0	0.0	0.0	0.0	0.0
0.9	0.0	0.0	0.0	0.0	0.0	0.0	0.0	0.0	0.0	0.0	0.0	0.0
0.95	0.0	−1.4	−0.2	−0.2	−0.4	−1.2	−0.4	−0.9	−4.8	−0.4	−0.5	−0.7
0.99	−7.1	−2.6	−1.6	−2.1	−4.4	−2.7	−2.9	−2.3	−5.8	−3.3	−2.7	−2.2

续　表

$\alpha_1=0.5$												
	$L=1$				$L=3$				$L=5$			
w_2	$K=0$	20	50	100	$K=0$	20	50	100	$K=0$	20	50	100
0.6	−8.0	−9.3	−9.5	−6.8	−14.0	−10.7	−10.3	−10.6	−14.2	−11.8	−11.1	−10.9
0.7	0.0	−5.3	−5.7	−6.1	−6.5	−6.6	−6.4	−6.5	−8.4	−7.4	−7.0	−7.0
0.8	0.0	−1.1	−1.4	−2.0	0.0	−1.9	−2.0	−2.1	−1.9	−2.4	−2.5	−2.4
0.85	0.0	0.0	0.0	−0.2	0.0	−0.1	−0.3	−0.3	0.0	−0.3	−0.5	−0.4
0.9	0.0	0.0	0.0	0.0	0.0	0.0	0.0	0.0	0.0	0.0	0.0	0.0
0.95	0.0	−1.3	−0.2	−0.5	−0.1	−1.9	−1.1	−1.5	−5.0	−1.3	−1.2	−1.3
0.99	−12.1	−5.0	−3.7	−3.8	−9.8	−6.9	−5.9	−4.9	−12.2	−7.9	−6.3	−5.4
$\alpha_1=0.8$												
	$L=1$				$L=3$				$L=5$			
w_2	$K=0$	20	50	100	$K=0$	20	50	100	$K=0$	20	50	100
0.6	−4.0	−3.9	−4.0	−4.2	−6.7	−4.6	−4.4	−4.4	−6.5	−5.1	−4.8	−4.6
0.7	−2.2	−2.5	−2.7	−2.9	−3.9	−3.2	−3.1	−3.0	−4.3	−3.6	−3.4	−3.2
0.8	0.0	−0.8	−1.2	−1.3	−1.3	−1.6	−1.5	−1.5	−2.0	−1.7	−1.8	−1.6
0.85	0.0	−0.1	−0.4	−0.4	0.0	−0.4	−0.5	−0.5	−0.9	−0.5	−0.6	−0.7
0.9	0.0	0.0	0.0	0.0	0.0	0.0	0.0	0.0	0.0	0.0	0.0	0.0
0.95	0.0	−2.3	−1.2	−1.1	−3.7	−2.8	−2.0	−2.0	−6.4	−2.7	−2.1	−1.9
0.99	−17.8	−8.7	−6.4	−6.2	−17.5	−11.0	−9.3	−8.0	−19.1	−12.9	−10.3	−8.8

我们可以看到分配策略的成本总是比不分配策略要好。我们注意到有三种情况下成本差别较大、分配策略的好处较明显。第一，当高级别需求的量较小，低级别需求的量主导总量时。当没有分配时，库存很快就被低级别需求消耗完毕，因而给高级别类型造成不必要的缺货和成

本。第二，当 w_2 和 $\pi_1/(h+\pi_1)$ 的差别较大时，分配策略能够显著区分两类需求的服务水平，从而提高绩效。第三，当提前期 L 较大时，需求不确定性会增加，这样再订货点会提升从而保护更大的不确定性。分配策略能够提供目标服务水平，实现最优的成本平衡，从而降低低级别需求不必要的库存保护。总结来说，当遇到上述三种情况时，我们应当考虑采用分配策略。

我们同时也想了解分配策略对服务水平的影响。我们在图 4-8 中画出了样本（$\alpha_1=0.5$，$L=1$，$K=50$）下分配和不分配两种情况的服务水平变化。我们注意到分配策略总是能够产生距离目标值非常接近的服务水平。F_2 总是等于 w_2，而 F_1 则是在 $\pi_1/(h+\pi_1)$ 附近轻微波动（由于参数是整数的限制）。然而，不分配策略则产生单一的累计服务水平 $max\{\alpha_1\pi_1/(h+\alpha_1\pi_1),\ w_2\}$，其总是高于或低于各类型的目标值。

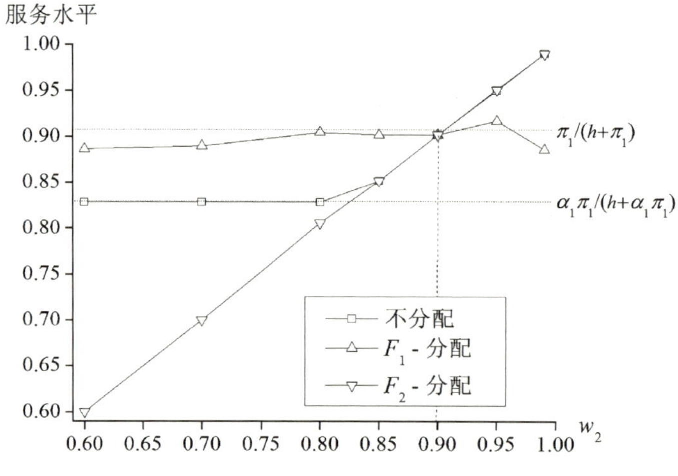

图 4-8　分配策略和不分配策略的服务水平比较

根据之前的分析，我们意识到分配策略在成本和服务水平两个方面都表现更好。即使其模型复杂程度大大增加，其带来的经济效益还是很可观的。

4.5 结　　论

本章主要研究一个面对多种需求类型和混合缺货控制方式的库存模型。我们采用了门槛清除机制来得到模型表达式。通过引入在确定型需求模型中得到的性质，即各个需求类型能够得到目标服务水平，我们提出了一种启发式算法来计算随机模型。另外，我们还得到了决策变量的上下限。和 Deshpande 等(2003)相比，我们对于决策变量的限制更加紧，因而节省了计算时间，使得计算较大订货量和较长提前期的情况也有了可能。数值分析表明启发式算法表现非常好，无论是在方案的质量和求解的时间上。

然而，需要提醒的是使用门槛清除机制主要是为了得到库存和服务水平的表达式。当订货成本相对较大时，门槛和优先级机制所产生的最优解在大部分样本中是相同的。而当订货成本降低时，较小的订购量产生了多个在外订单和更多需要被清除的缺货。在这种情况下，混合机制能够得到较好的结果，即利用启发式算法得到的参数方案来实施优先级清除机制。

进一步的研究表明分配策略能够改进系统的绩效。分配策略尤其当低级别需求主导总需求量，需求类型间服务水平差距较大，提前期较长时表现更好。

第5章 动态分配策略

考虑了一个库存系统面对两种缺货成本不同的需求类型，缺货是丢失的。采用了分配策略来区别提供给两种类型的服务水平。由于之前的研究都具有复杂的模型，计算十分耗时，且不容易直观地观察系统的特性。根据以上背景，我们为订单发出前后两个时间段分别设计了具有简单表达式的近似静态分配水平。数值分析表明，两条近似水平表现非常接近于最优值。为了进一步利用补货到达信息，我们得到了提前期内的动态分配水平。数值分析表明动态分配策略表现要比静态策略要好，尤其在提前期较长、订货成本较小、两种类型缺货成本差别较大且需求率接近的情况下。我们还将研究拓展到了多种需求类型的情况。

5.1 引　言

根据第1章所述，采用分配策略能够在一个库存系统中区分对不同需求类型的服务水平，也能够降低成本。因此选择一个合适的分配策略对改善系统的经济指标非常重要。关键水平策略(critical rationing level policy)是最常用的策略。在现有文献中，最优的分配策略往往是通过搜索的方法来得到的(Deshpande 等，2003；Melchiors 等，2000)。其主要原因是在原有的库存模型中考虑了分配策略以后，模型会变得非常复杂，丧失了原有的一些凸性，使得求解困难。由于库存决策变量都是离散的，因此已有研究主要通过寻找变量的上下限，然后进行搜索来得到最优解。我们在上一节的研究也是出于寻找变量上下限的目的，并尽可能的寻找差距较小的上下限，从而能够缩短搜索时间。另外由于模型的表达式过于复杂，因而常常会导致计算时间过长。在这种情况下，求解最优策略很不方便，并且我们也无法直接观察和分析系统的性质，以及系统各参数之间的关系。因此本章的第一个目的是试图利用一些简单的方法来得到(近似)最优静态分配策略。

进一步，在之前绝大多数的研究中，分配策略都是静止的，不随时间所改变。然而静态分配策略并不是最优的。由于提前期的存在，我们可以看到订单发出时和订单即将到达时对于不确定性的保护是不同的，因此分配水平也应当随时间调整。具体来说，当订单即将到达时，可能还会有部分库存剩余，但仍小于分配水平。而此时光靠高级别需求来消耗完库存的概率已经非常小了，因此这时如果出现低级别需求，我们应当满足它。基于这一观点，我们认为分配决策应当依据现有库存水平和下一次补货到达的剩余时间来确定。

我们注意到，动态分配策略在之前的研究中很少被提到。最近的研究之一是 Teunter 和 Haneveld(2008)。作者研究了缺货延误情况下的动态分配策略。除了缺货延误的处理方式，有时缺货也可以是丢失的，这是因为客户不愿意等待，或者供应方从其他途径满足了需求。Melchiors(2003)研究了缺货丢失下的动态分配策略。在以上研究中，都使用了 Markov 决策方法，这导致了复杂的模型，降低了模型分析的透明度。

基于以上背景，我们研究了面对两种缺货丢失需求类型库存系统的分配策略。我们的目标是设计简单的规则来得到(近似)最优的静态和动态分配策略。我们首先通过利用不同的信息设计了简单的方法来得到订货发出前和订货发出后静态分配水平。然后通过计算剩余到货时间的成本来决定是否接受和拒绝低级别需求,形成动态分配策略,并进一步利用剩余到货时间来得到动态分配水平。最后通过数值分析来给出动态分配策略适用的环境和条件。

5.2 系统描述

我们考虑连续检查策略下的(Q, r)模型,其面对两种服从泊松分布的需求类型。当缺货发生时,需求是丢失的。我们采用关键水平分配策略,当库存达到该水平时,我们停止向低级别需求供货。我们的目标是通过三种简单的方法(利用不同的信息)来得到分配策略,从而得到不同的收益。以下是所需的变量定义:

i:需求类型的标号,$i = 1, 2$;

λ_i:类型 i 的需求率,$\lambda = \sum_i \lambda_i$;

π_i:类型 i 的缺货成本。我们令 $\pi_1 > \pi_2$ 从而使得类型 1 具有更高的优先级;

K:订货成本;

h:单位时间单位库存成本;

L:恒定订货提前期;

w:补货到达时的剩余库存;

Q:订货量;

r:再订购点;

c:静态分配水平;

v：订单发出之前的(近似)静态分配水平；

u：订单发出以后的(近似)静态分配水平；

τ：补货到达的剩余时间，$0 \leqslant \tau \leqslant L$。当订单发出时 $\tau = L$，当补货达到时 $\tau = 0$；

$c(\tau)$：剩余提前期 τ 时的动态分配水平；

H：库存从 r 下降到分配水平的时间，如果 r 高于分配水平的话；

$TC(y, \tau)$：当初始库存为 y 时剩余提前期 τ 内的最小期望成本；

$p(x, \mu)$：均值为 μ 的泊松分布的概率质量函数；

$P(x, \mu)$：均值为 μ 的泊松分布的累计概率函数。

我们进一步在缺货丢失的系统中假设 $Q > r$，这样就能够保证同时最多只有一个在外订单。虽然多个在外订单的假设更现实，但是订单周期的重合使得很难得到容易处理的模型，也不利于我们分析库存分配的机理。另外，当有多个在外订单时，很难在实际中实施动态分配策略。因此本研究只关注于一个在外订单的情况。我们在图 5－1 中描述了系统的动态。

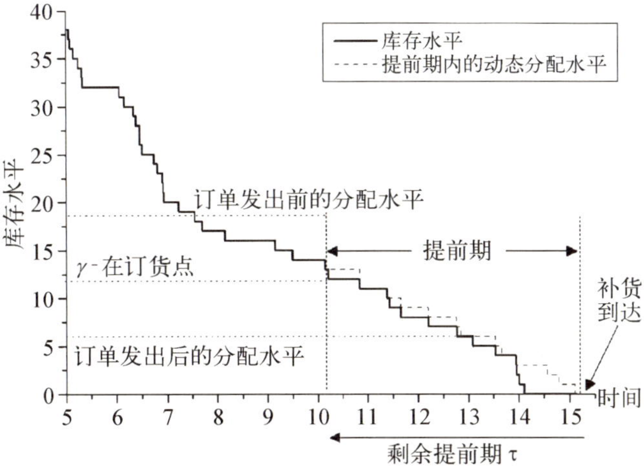

图 5－1　静态、动态分配策略系统动态图

订单的发出机理仍然和经典的(Q, r)模型相同。当库存水平降低到r时，则发出一个订单Q，该订单会在L时间之后到达。由于信息的不同，我们考虑两个分配时间段，为订单发出前和订单发出后。更具体的来说，在订单发出以后，到下一次补货到达的时间是确定的，而在订单发出前这一时间是随机的。因此得到这两个周期内的分配水平的方法是不同的。

Melchiors 等(2000)介绍了这样一个面对两种缺货丢失的库存系统和静态分配策略。他们同时考虑了$c<r$和$c\geqslant r$的情况，分别对应于两个分配时间段。我们首先简要的介绍他们的成本模型。具体的内容可以参考 Melchiors 等(2000)。

情况 1，$c<r$。系统的平均成本是通过计算周期内的所有成本然后除以周期的期望长度来得到的。H是指库存从r下降到c的时间。首先我们得到一个周期内两种需求类型各自的期望缺货丢失数量。其中，$E_{x,y}[\,]=E_x[E_y[\,]]$，即求包含两个变量的函数的期望值。$D_i(t)$为类型i在t时间内的随机需求。

$$B_1^{c<r}=E_{D_1(L-H),H}[D_1(L-H)-c]^+ \tag{5-1}$$

$$B_2^{c<r}=E_{D_2(L-H),H}[D_2(L-H)] \tag{5-2}$$

以及根据不同需求概率情况下得到的期望库存成本：

$$\begin{aligned}HC^{c<r}=&\,hE_{D(L)}\left[\sum_{i=r-D(L)}^{r} i\,\frac{L}{D(L)+1}\right]+hE_H\left[\sum_{i=c+1}^{r} i\,\frac{H}{r-c}\right]\\&+hE_{D_1(L-H),H}\left[\sum_{i=c-D_1(L-H)}^{r} i\,\frac{L-H}{D_1(L-H)+1}\right]\\&+hE_w\left[\sum_{i=r+1}^{Q+w} i\,\frac{1}{\lambda_1}\right]\end{aligned} \tag{5-3}$$

由于期望周期长度为 $T^{c<r}=L+(Q+E(w)-r)/\lambda$，我们得到期望平均成本为

$$AC^{c<r}(Q,\ r,\ c)=\frac{K+HC^{c<r}+\pi_1 B_1^{c<r}+\pi_2 B_2^{c<r}}{T^{c<r}} \tag{5-4}$$

情况 2， $c\geqslant r$。模型是类似的，采用相同的方法来得到。周期内的期望缺货丢失数量为

$$B_1^{c\geqslant r}=E_{D_1(L)}[D_1(L)-r]^+ \tag{5-5}$$

$$B_2^{c\geqslant r}=\lambda_2(L+(c-r)/\lambda_1) \tag{5-6}$$

期望库存成本为

$$HC^{c\geqslant r}=\begin{cases} hE_w\left[\sum_{i=c+1}^{Q+w} i/\lambda\right]+h\sum_{i=r+1}^{c} i/\lambda_1 \\ \quad +hE_{D_1(L)}\left[\sum_{i=r-D_1(L)}^{r} i\,\dfrac{L}{D_1(L)+1}\right], & \text{if } D_1(L)<r \\ hE_w\left[\sum_{i=c+1}^{Q+w} i/\lambda\right]+h\sum_{i=r+1}^{c} i/\lambda_1 \\ \quad +hE_{D_1(L)}\left[\sum_{i=1}^{r} i\,\dfrac{Lr/(D_1(L)+1)}{r}\right], & \text{if } D_1(L)\geqslant r \end{cases} \tag{5-7}$$

期望周期长度为 $T^{c\geqslant r}=L+\dfrac{Q+E(w)-c}{\lambda}+\dfrac{c-r}{\lambda_1}$。平均成本为

$$AC^{c\geqslant r}(Q,\ r,\ c)=\frac{K+HC^{c\geqslant r}+\pi_1 B_1^{c\geqslant r}+\pi_2 B_2^{c\geqslant r}}{T^{c\geqslant r}} \tag{5-8}$$

当我们在后续章节计算成本时，我们会比较 r 和 c 来决定采用哪个模型进行计算。

5.3 基于过去时间的分配策略

现有研究大多都关注于通过优化成本来得到静态的分配水平。然而无论是缺货延误还是丢失，其模型都是非常复杂的，并导致了复杂的表达式和算法来得到分配水平。结果我们无法直接从模型中观察到系统的参数如何影响到分配水平，只能通过数值分析。并且，对于最优分配水平的计算也是非常耗时的，从而使得其难以在实际中得以应用。因此我们希望通过近似而简便的方法来得到分配水平。

我们首先考虑一个确定需求模型，试图从中发现一些有用的特性。假设需求类型 i 具有恒定需求率 λ_i。由于需求是确定的，那么缺货丢失也是可以预知的。这样两个需求类型可以看作是从两个独立的系统中获取服务。因此我们可以将整个系统分解为两个子系统。两个子系统拥有相同的周期时间 T。进一步我们定义 $t_i(t_i \leqslant T)$ 来作为类型 i 的服务时间，在此之间需求是能够被满足的。这一时刻也是类型 i 从此开始变成缺货丢失。相应的，$T-t_i$ 是缺货丢失的时间。对每个子系统来说，其库存成本为 $hD_it_i^2/2$，缺货成本为 $\pi_iD_i(T-t_i)$。因此我们得到如下总成本函数：

$$TC(T,\ t_1,\ t_2)=\frac{K+hD_1t_1^2/2+hD_2t_2^2/2+\pi_1D_1(T-t_1)+\pi_2D_2(T-t_2)}{T} \tag{5-9}$$

我们计算 $\partial TC(T,\ t_1,\ t_2)/\partial t_2=0$ 得到停止向类型 2 供货的时间为 $t_2^*(T,\ t_1)=\pi_2/h$（其应当小于 T）。这个结果和缺货延误的结果有所区别，在缺货延误情况下应当是 $t_2^*=\pi_2/(h+\pi_2)T$（Wang 等，

2010)。而缺货丢失下最优时间是个恒定的常数，并且独立于周期 T。因此我们得到如下结论：

定理 5.1： 在确定需求情况下，停止向类型 2 供货的最优时间是当从周期开始持有的单位库存成本等于拒绝需求所承担的缺货成本时，即 $ht_2 = \pi_2$。

这个均衡关系看似简单，但是非常重要。根据我们的了解，它还未出现在任何现有文献中。我们是这样理解的：当 $t > t_2^* = \pi_2/h$ 时，持有一个单位的库存成本 ht 要比缺货成本 π_2 大。这样从期初持有该单位库存就不合算了，或者说在 t_2^* 时间以后满足类型 2 的需求不合算。根据这一原理，该分配决策只依赖于从周期开始所经过的时间。

由于 t_2^* 只依赖于 π_2 和 h，我们决定在随机需求环境下使用该定理，目的是得到一个简单的分配水平。我们现在重新回到随机模型中，类型 i 具有泊松分布需求，需求率为 λ_i。定义 v 为分配水平，当该水平到达时停止向类型 2 的需求供货。由于需求服从泊松分布，库存从期初的 $Q+w$ 下降到 v 的期望时间为 $E[(Q+w-v)/\lambda]$。根据定理 5.1，我们令 $E[(Q+w-v)/\lambda] = \pi_2/h$，然后得到以下关系

$$v = Q - \lambda\pi_2/h + E(w) \qquad (5-10)$$

然而订单到达时的剩余库存量 w 的期望值是受到订货点和提前期内的分配决策所影响的。为了得到一个简便计算 w 的方法，我们提出了以下假设。

假设 5.1： 当计算 $E(w)$ 时，假设提前期内只满足类型 1 的需求。

这一假设意味着分配水平不受订单发出时间的影响。当分配先于订货发生时，这一假设是合理的。而当分配在订货发出之后时，情况变得比较复杂，我们将在下一节讨论该类情况。进一步来说，这一假设也和 v 的计算机理相吻合，因为其只关注于期初开始经过的时间。因此我

们得到 $E(w)=\sum_{j=0}^{r}(r-j)p(j,\lambda_1L)=rP(r,\lambda_1L)-\lambda_1LP(r-1,\lambda_1L)$，从而得到分配水平 v

$$v=Q-\lambda\pi_2/h+rP(r,\lambda_1L)-\lambda_1LP(r-1,\lambda_1L) \quad (5-11)$$

我们得到了 v 的显性表达式来作为简单的分配水平。这同时也能够帮助我们了解其他因素是如何影响分配水平的。首先 v 是随 Q 递增的。这是因为 v 是由恒定时间 π_2/h 来决定的，而该时间是指从期初开始经过的时间。因此 v 应该是和 Q 同方向移动的。第二，v 是随 π_2 递增的。因为随着 π_2 的增加，两类需求对于服务的要求差距在缩小，因此只需要保留较少的库存给类型 1 即可。第三，v 随 h 递增。因为 h 越大，π_2/h 就越小，我们停止向类型 2 供货的时间也就越早。第四，由于 v 是随 $E(w)$ 递增的，而 $E(w)$ 又是随 r 递增的，因此 v 是随 r 递增的。当 r 增加时，在提前期内对于需求的保护增强了，这样也就导致了更多的期末剩余库存，从而抬高了下一个订货周期的期初库存。这一效应和 Q 的增加时相同的。

我们然后研究了 v 作为近似分配水平的绩效。为了覆盖大范围的情况，我们考虑了 81 个样本，具有不同的需求比例 ($\alpha_1=\lambda_1/\lambda=1/6$, 3/6, 5/6)，不同的类型 1 的缺货成本 ($\pi_1=20$, 100, 1 000)，不同提前期($L=1$, 3, 5)，不同订货成本($K=50$, 100, 500)。库存成本设定为 $h=1$，类型 2 的缺货成本为 $\pi_2=10$。

我们首先通过 Melchiors 等(2000)的搜索方法得到最优的(Q, r, c)。然后我们使用最优的(Q, r)作为订货参数，使用 v 作为静态分配水平，然后计算该策略的成本，并和(Q, r, c)的最优成本进行比较。由于在公式 5-11 中无法保证 v 是整数，因此我们计算了两个值$\lfloor v\rfloor$和$\lceil v\rceil$，然后选择其中成本较低的那个。成本差百分比定义为 $(cost_v-cost_c)/cost_c$，其中 $cost_c$ 定义为分配水平为 c 的最优成本，$cost_v$ 分配水

平为 v 的成本。

在表 5-1 中，在所有 $K=500$ 的 27 个样本中，有 22 个样本的成本差为 0。在这 22 个样本中，c 要么等于 $\lfloor v \rfloor$ 要么等于 $\lceil v \rceil$。这一结果意味着 v 在这些样本中是 c 的一个很好的近似。我们也注意到这些样本中 c 都要比 r 大。这是由于较大的 K 导致了较大的 Q。随着订货量的增加(库存也在增加)，再订货点 r 将会逐步减小，因为不再需要这么多的库存来保护提前期内的不确定性。同时分配水平 c 也在不断上升，目的是为了区分两类需求的服务水平，并最终超过了 r。这样分配从订单发出之前就已经开始了。这也符合计算 v 时提出的假设 5.1，并说明从确定模型中得到的定理 5.1 能够在随机情况下提供很好的提前期之前的分配水平。

表 5-1 分配水平 c 和 v 的成本比较(成本差百分比%)

α_1	π_1	$L=1$			$L=3$			$L=5$		
		$K=50$	100	500	$K=50$	100	500	$K=50$	100	500
1/6	20	0.00	0.00	0.00*	0.00	0.00	0.00*	0.00	0.18	0.00*
	100	1.38	1.46	0.00*	3.24	3.85	0.00*	7.99	0.73	0.00*
	1 000	16.75	18.09	0.00*	43.72	36.26	0.00*	1.23	0.83	0.00*
3/6	20	0.00	0.00	0.00*	0.24	0.21	0.00*	0.44	0.31	0.00*
	100	2.02	2.31	0.00*	3.98	5.20	0.00*	8.10	6.48	0.00*
	1 000	8.87	11.32	0.00*	16.74	16.57	0.00*	34.26	8.56	8.11
5/6	20	0.00	0.02	0.00*	0.07	0.05	0.00*	0.10	0.07	9.08
	100	0.67	0.84	0.00*	1.05	1.00	0.00*	1.72	1.52	2.80
	1 000	1.22	1.76	0.00*	4.60	3.00	1.00	4.17	3.71	1.46

(* 表示该样本下具有 $c>r$。)

然而在其他所有 $K=50$, 100 的样本中，c 都小于 r 的。而在另外 5 个 $K=500$ 的样本中，c 也没有能超过 r，这是因为较长的提前期($L=5$)

和较大的平均缺货成本 $(\lambda_1\pi_1+\lambda_2\pi_2)/\lambda$ 导致了较大的 r。由于分配开始于订单发出以后，v 会偏离 c 许多，并导致成本差百分比的波动较大。就像前面所说的，当订单发出之后，我们得到了补货何时到达的信息。补货到达的剩余时间是确定的。这和在补货之前分配的情况不同，在补货之前，我们可以拒绝类型 2 的需求，并等待一个随机的时间(可能是无穷)，等待类型 1 的需求来消耗库存。我们也注意到在那些原本 $c<r$ 的样本中，v 大多是小于 0 的。这意味着在订单发出之后，时间变成有限的了，周期长度没有大于 π_2/h。这时问题变成了在有限时间内制定决策来达到成本最低。然而 v 只考虑了期初开始经过的时间，没有考虑补货达到的时间，它在提前期内的表现不那么好。我们将在下一节中讨论利用补货达到时间这一信息。

5.4 考虑到货时间的分配策略

在订单发出之后我们了解到了补货何时会到达这一信息。这时，给我们制定决策的时间范围是有限的，因此我们不能再随意拒绝类型 2 的需求而把库存保留给类型 1，因为当补货达到时，剩余库存都将被移动到下一周期，那么在这一周期内所付出的库存成本都将浪费了。这样问题就变成了找到一个分配水平 u 从而最小化提前期内的成本。要达到这个目的，我们首先应当将提前期内的成本的表达式都推导出来，这可以通过 Melchiors 等(2000)类似方法来实现。然而这仍将包含许多泊松分布概率质量函数相乘后的积分，使得我们无法获知模型的凸性，最终只能通过在范围$\{0, r-1\}$内搜索的方法来得到最优分配水平，这是相当耗时的。我们的目标是通过一个较为简单的方法来得到(近似)最优分配水平。

在单需求类型库存系统中，最优订货点包含了提前期内的期望需求和相应的最优安全库存。我们将利用这一结构来得到多需求类型模型中的安全库存，并用类型 1 的安全库存来近似作为分配水平 u。在两个需求类型模型中，给定最优的 r，两类需求的全部安全库存应该约等于 $ss \approx r-\lambda_1 L-(r-u)\lambda_2/\lambda$，其中 $\lambda_1 L$ 是类型 1 在提前期内的期望需求，$(r-u)\lambda_2/\lambda$ 是类型 2 在 H 时间内近似期望需求。我们然后将安全库存划分给两种类型，并得到类型 1 的近似安全库存为

$$ss_1=\frac{\lambda_1\pi_1}{\lambda_1\pi_1+\lambda_2\pi_2}ss \tag{5-12}$$

由于 ss_1 是为了保护类型 1 的需求的，因此我们将 ss_1 近似作为提前期内的分配水平 u，并得到

$$u=\lambda_1(r/\lambda-L)/\left(\frac{\lambda_1\pi_1+\lambda_2\pi_2}{\lambda_1\pi_1}-\frac{\lambda_2}{\lambda}\right) \tag{5-13}$$

我们很容易看到 u 是随 λ_1 和 π_1 递增的，因为在那些情况下类型 1 的优先级得到了增强，我们需要更大的 u。而 u 是随 π_2 递减的，因为两种类型的优先级差距在减小。

我们随后进行了数值分析来检验 u 的绩效。我们仍然使用上一节中使用的 81 个样本。我们利用最优策略的(Q, r)来作为订货策略，然后使用 u 作为分配水平，再和最优的(Q, r, c)策略比较成本。同样，由于 u 不能保证是整数，我们计算$\lfloor u\rfloor$和$\lceil u\rceil$，然后选择成本较低的那个值。成本差百分比定义为 $(cost_u-cost_c)/cost_c$，其中 $cost_u$ 定义为使用 u 作为分配水平的成本。

在表 5-2 中，具有 $K=50$，100 的那些样本中，其成本差说明 u 在提前期内表现得非常好，平均成本差为 0.14%，最大为 1.45%。其中有 2/3 的样本中 u 等于 c。然而在那些 $K=500$ 且 $c>r$ 的样本中，u 表现就不太

好，因为这些样本应有的分配应该在订单发出之前就开始了。而在那 5 个 $K=500$ 且 $c\leqslant r$ 的样本中，u 在 3 个样本中比 v 有了很大的绩效改进，而在另外两个样本中绩效更差。这主要是由于我们的 u 是独立于 K 的，在其他两个样本中，较大的 K 极大影响了 r，使得 u 和 v 都偏离 c 较远。

表 5-2　分配水平 c 和 u 的比较(成本差百分比%)

α_1	π_1	$L=1$			$L=3$			$L=5$		
		$K=50$	100	500	$K=50$	100	500	$K=50$	100	500
1/6	20	0.00	0.00	5.23*	0.00	0.00	5.53*	0.00	0.00	4.74*
	100	0.00	0.00	10.18*	0.00	0.24	19.24*	1.45	1.08	25.60*
	1 000	0.00	0.00	54.94*	0.00	0.00	164.80*	1.23	1.05	264.61*
3/6	20	0.00	0.00	2.17*	0.00	0.00	2.73*	0.00	0.00	3.30*
	100	0.00	0.00	3.58*	0.15	0.26	19.14*	0.16	0.21	32.54*
	1 000	0.00	0.00	15.92*	0.32	0.02	117.26*	1.08	0.00	31.47
5/6	20	0.01	0.00	0.50*	0.12	0.00	0.82*	0.08	0.05	1.28
	100	0.00	0.00	1.15*	0.10	0.03	3.02*	0.01	0.00	6.16
	1 000	0.09	0.00	0.19*	0.01	0.00	0.33	0.00	0.01	0.53

(*说明样本具有 $c>r$。)

基于表 5-1 和表 5-2 的结果，v 和 u 在两个不同的时间段内表现各有优劣，整体形成了互补。并且我们主要是利用了原有静态策略的最优(Q, r)，实际上我们还可以根据 v 和 u 来重新搜索新的(Q, r)，这样能够一定程度上把 K 的因素考虑进去，帮助克服那两个效果较差的案例，并且也能够帮助我们快速得到近似最优方案。

5.5　一种改进的近似最优算法

Melchiors 等(2000)提出了一种得到最优(Q, r, c)策略的方法。他

们首先得到了 r 的上限 r^u，并在$\{0, r^u\}$内搜索 r。然后在$\{0, Q\}$中搜索静态分配水平 c。最后搜索 Q 则是以 EOQ 为起始点开始。他们通过数值分析得出成本函数是 Q 的单峰函数，因此当成本上升时，就停止搜索 Q。

然而，当我们利用他们的方法来求解我们 81 个样本的最优解时，我们发现其非常耗时，主要是由于复杂的积分公式，以及较大的 c 的搜索空间。

现在我们可以使用近似分配水平 v 和 u 来省却对于分配水平的搜索。当给定任意的(Q, r)，我们只需要计算$\lfloor v\rfloor$，$\lceil v\rceil$，$\lfloor u\rfloor$和$\lceil u\rceil$4 个值，然后选取成本最低的那个作为分配水平即可。这样我们就可以集中精力搜索(Q, r)了。这种方法的计算复杂程度只有 Melchiors 等(2000)的 $4/Q$。由于我们 81 个样本的平均 Q 是 47，因此平均计算时间只有原来的 1/10。

由于 v 和 u 都是近似分配水平，不能保证等于最优的 c，因此当我们得到最优的(Q, r)时，其很可能偏离了实际的最优值。我们需要将这个(Q, r, v, u)策略和最优的(Q, r, c)策略进行比较来了解这一改进算法的绩效。我们将比较结果列于表 5－3 中。$(cost_{vu}-cost_c)/cost_c$ 定义为成本差百分比，其中 $cost_{vu}$ 是改进算法的最优成本。

表 5－3　(Q, r, v, u)策略和(Q, r, c)策略的比较(成本差百分比%)

α_1	π_1	$L=1$			$L=3$			$L=5$		
		$K=50$	100	500	$K=50$	100	500	$K=50$	100	500
1/6	20	0.00	0.00	0.00	0.00	0.00	0.00	0.00	0.00	0.00
	100	0.00	0.00	0.00	0.00	0.22	0.00	0.95	0.89	0.00
	1 000	0.00	0.00	0.00	0.00	0.00	0.00	0.32	0.16	0.00
3/6	20	0.00	0.00	0.00	0.00	0.00	0.00	0.00	0.00	0.00
	100	0.00	0.00	0.00	0.15	0.03	0.00	0.16	0.12	0.00
	1 000	0.00	0.00	0.00	0.12	0.00	0.00	0.06	0.00	0.57

续 表

α_1	π_1	$L=1$			$L=3$			$L=5$		
		$K=50$	100	500	$K=50$	100	500	$K=50$	100	500
5/6	20	0.01	0.00	0.00	0.12	0.00	0.00	0.00	0.00	0.03
	100	0.00	0.00	0.00	0.10	0.00	0.00	0.00	0.00	0.11
	1 000	0.09	0.00	0.00	0.00	0.00	0.16	0.00	0.01	0.28

在表 5-3 中，我们可以看到改进算法的成本非常接近于最优值。其中大约有 3/4 的样本其改进算法得到了实际最优值。而在那些最优方案有差异的样本中，其平均成本差百分比也只有 0.22%。并且我们也注意到改进算法克服了那两个 u 和 v 都表现不佳的样本的绩效。

5.6 动态分配策略

在之前的章节中，我们得到了订单发出前和发出后的简单近似分配水平。其中 v 利用了期初开始逝去的时间信息，而 u 则利用了到货时间信息。然而 v 和 u 的决策都是在期初或者订单发出时制定的。由于需求是随机的，系统在任意时间会有各种各样的状态，而静态策略并不能适应这种变化。如果我们能够实时利用信息来制定决策，其效果会更好。

当订单发出以后，我们定义 τ 作为下次补货到达的剩余时间。时间 τ 可以反向来理解，当补货到达时 $\tau=0$，而当订单发出时 $\tau=L$。当补货即将到达时，我们只需要较少的库存来保护高级别类型的需求，这样分配水平应当随 τ 不断变化。给定一个 τ，我们的目的是最小化时间 τ 内的库存持有成本和缺货成本。如果只有一种需求类型，其最优策略是尽可能地满足需求、消耗库存从而降低库存成本。由于缺货是丢失的，无论何时缺货，其成本都是相同的，没有必要拒绝现有需求而保留库存给未来的需求。然而当有两个不同优先级的需求类型时，我们可以拒绝低级别需求，承担一个较低的缺货成本和保留该库存的成本，然后用该库存满足未来高级别需求。这样看来，设计一个好的分配水平策略就非常重要。

正如之前讨论的，静态分配策略不是最优的策略。在提前期末(或者 τ 趋向于 0 时)，补货即将到达，高级别需求在剩余时间消耗完所有库存的概率已经很小了。如果此时还有一些库存(仍然低于 c)，那么再拒绝低级别需求就不经济了。这样分配策略应当按照当前库存量和剩余库存来制定。我们设定分配策略的机理是基于比较接受和拒绝类型 2 需求的成本大小。

表 5－4　两种算法有差异的样本(成本差百分比%)

编号	λ_1	λ_2	π_1	π_2	h	L	K	Q	r	c	Q_a	r_a	u or v	成本差
13	1	5	100	10	1	3	100	36	19	2	37	19	1	0.22%
15	1	5	100	10	1	5	50	32	31	2	33	32	1	0.95%
16	1	5	100	10	1	5	100	37	31	2	37	32	1	0.89%
24	1	5	1 000	10	1	5	50	34	33	4	35	34	4	0.32%
25	1	5	1 000	10	1	5	100	37	33	4	36	34	4	0.16%
39	3	3	100	10	1	3	50	26	23	3	27	22	4	0.15%
40	3	3	100	10	1	3	100	37	21	4	36	22	4	0.03%
42	3	3	100	10	1	5	50	35	34	5	35	34	4	0.16%
43	3	3	100	10	1	5	100	37	34	5	37	35	5	0.12%
48	3	3	1 000	10	1	3	50	27	26	6	27	25	6	0.12%
51	3	3	1 000	10	1	5	50	38	37	9	39	38	8	0.06%
53	3	3	1 000	10	1	5	500	78	32	14	77	24	26	0.57%
54	5	1	20	10	1	1	50	25	8	0	26	8	1	0.01%

续 表

编号	λ_1	λ_2	π_1	π_2	h	L	K	Q	r	c	Q_a	r_a	u or v	成本差
57	5	1	20	10	1	3	50	26	21	1	26	21	2	0.12%
62	5	1	20	10	1	5	500	79	22	22	81	22	22	0.03%
66	5	1	100	10	1	3	50	26	25	5	26	25	6	0.10%
71	5	1	100	10	1	5	500	80	30	30	84	30	30	0.11%
72	5	1	1 000	10	1	1	50	25	13	5	25	13	6	0.09%
77	5	1	1 000	10	1	3	500	79	26	13	79	24	28	0.16%
79	5	1	1 000	10	1	5	100	43	42	13	43	42	12	0.01%
80	5	1	1 000	10	1	5	500	79	40	17	79	41	11	0.28%

假设在任意时间 τ 其库存水平为 y。如果一个类型 2 的需求发生了，我们需要决策是要满足它，还是拒绝它。如果满足它，则在 τ 内的期望成本为 $TC(y-1, \tau)$。如果拒绝，那么要付出缺货成本 π_2，加上成本 $TC(y, \tau)$。这样就形成了下面的策略。

策略 5.1： 如果 $\pi_2+TC(y, \tau)\leqslant TC(y-1, \tau)$，我们拒绝类型 2 的需求；否则，我们接受它。

$TC(y, \tau)$定义为在最优决策基础上 τ 的最低期望成本。其包含了库存成本和两种需求类型的缺货成本。由于该成本收到提前期内分配决策的影响，因此很难得到一个封闭表达式。Markov 决策模型是另一种方法，然而其建模的复杂性使得我们很难直观地了解系统的特性。不过，我们得到了该策略一个重要的特性来简化 $TC(y, \tau)$的建模。

性质 5.1： 当计算拒绝类型 2 需求的 $TC(y, \tau)$时，可以认为剩余时间 τ 内只有类型 1 的需求被满足，拒绝所有类型 2 的需求。

证明 在缺货丢失的环境下，缺货成本在任何时候都是相同的。因此如果我们在计算拒绝当前类型 2 需求所引发的后续成本 TC

时，如果计划在 τ 内满足一个类型 2 的需求，那就没有理由在 τ 时刻拒绝一个类型 2 的需求，因为缺货成本在任何时刻都是相同的，而那样做我们还要承担更多保留此库存的库存成本。由于 TC 定义为最小期望成本，因此在 τ 时刻制定决策时假设拒绝所有类型 2 需求更经济。 □

该性质意味着当计算拒绝类型 2 的 TC 时，我们不用考虑后续的分配决策。然后当我们计算接受类型 2 的 TC 时，我们得不到这样的性质。TC 的计算仍然需要考虑后续未知的分配决策。此时为了能够得到能够分析的动态分配的数学表达式，我们将该性质作为在计算接受类型 2 的 TC 时候的假设，即

假设 5.2：当计算接受类型 2 需求的 $TC(y,\tau)$时，假设剩余时间 τ 内只有类型 1 的需求被满足，拒绝所有类型 2 的需求。

通过这一假设和之前的性质，动态分配的决策就转化成了决定是从当前放生的类型 2 需求开始拒绝还是从下一个发生的类型 2 需求开始拒绝。

然而我们需要指出的是这并不意味该分配策略是静态的。当执行该策略时，由于需求是随机的，同时剩余时间在不断减少，因此库存水平和分配决策成本会改变，因而只要条件符合仍然存在满足类型 2 需求的可能。

期望成本 TC 包含了库存成本和两种类型的缺货成本。在 τ 时刻，类型 1 在期末的期望缺货丢失数量为

$$
\begin{aligned}
B_1(y,\tau) &= \sum_{x=y}^{\infty}(x-y)p(x,\lambda_1\tau) \\
&= \sum_{x=y}^{\infty}x\,p(x,\lambda_1\tau) - y\sum_{x=y}^{\infty}p(x,\lambda_1\tau) \\
&= \lambda_1\tau\sum_{x=y}^{\infty}p(x-1,\lambda_1\tau) - y(1-P(y-1,\lambda_1\tau))
\end{aligned}
$$

$$=\lambda_1\tau\sum_{x=y-1}^{\infty}p(x,\lambda_1\tau)-y(1-P(y-1,\lambda_1\tau))$$
$$=\lambda_1\tau(1-P(y-2,\lambda_1\tau))-y(1-P(y-1,\lambda_1\tau))$$
$$=\lambda_1\tau-y+yP(y-1,\lambda_1\tau)-\lambda_1\tau P(y-2,\lambda_1\tau) \tag{5-14}$$

由于所有类型 2 的需求在 τ 内都是被拒绝的，则类型 2 的期望缺货为 $B_2(y,\tau)=\lambda_2\tau$。

下一步，库存成本可以分为两部分。第一，如果库存在补货到达时还没有消耗完毕，那么剩余库存为 w。我们假设 $\tau=0$ 时刻没有需求发生。由于需求是服从泊松分布的，各个时间只有一个需求发生。因此库存水平是一步步被消耗的，从 y 开始到 w 的每一个库存水平都停留过了。各个库存水平 $i(w\leqslant i\leqslant y)$ 停留的平均时间为 $\tau/(y-w+1)$。由于 w 也是随机变量，依赖于剩余时间内的需求量 $D_1(\tau)$，因此我们计算期望库存成本为

$$HC_1(y,\tau)=hE_w\left[\sum_{i=w}^{y}i\frac{\tau}{y-w+1}\right]$$
$$=hE_{D_1(\tau)}\left[\sum_{i=y-D_1(\tau)}^{y}i\frac{\tau}{D_1(\tau)+1}\right]$$
$$=h\tau\sum_{x=0}^{y}\left(\frac{2y-x}{2}\right)p(x,\lambda_1\tau)$$
$$=h\tau yP(y,\lambda_1\tau)-\frac{h\tau}{2}\sum_{x=0}^{y}xp(x,\lambda_1\tau)$$
$$=h\tau yP(y,\lambda_1\tau)-\frac{h\lambda_1\tau^2}{2}P(y-1) \tag{5-15}$$

第二，如果库存在提前期内被消耗完毕了，类型 1 在 τ 内的需求量 $D_1(\tau)$要大于 y。那么停留在每一个库存水平 $i(1\leqslant i\leqslant y)$ 的平均时间是 $\tau/(D_1(\tau)+1)$。期望库存成本变为

$$HC_2(y,\tau)=hE_{D_1(\tau)}\left[\sum_{i=1}^{y}i\frac{\tau}{D_1(\tau)+1}\right]$$

$$=\frac{y(y+1)}{2}h\tau\sum_{x=y+1}^{\infty}\frac{1}{x+1}p(x,\lambda_1\tau)$$

$$=\frac{hy(y+1)}{2\lambda_1}(1-P(y+1,\lambda_1\tau)) \tag{5-16}$$

把各项成本加总后，我们得到了 TC：

$$TC(y,\tau)=HC_1(y,\tau)+HC_2(y,\tau)+\pi_1B_1(y,\tau)+\pi_2B_2(y,\tau) \tag{5-17}$$

现在我们可以根据策略 5.1 来决定是否接受或拒绝类型 2 需求。

我们发现 $TC(y,\tau)-TC(y-1,\tau)$ 恰好是 TC 在 τ 时刻的差分。我们希望了解 Δ_yTC(y 的差分)的单调性，并得到了如下引理。

引理 5.1： 给定 τ，$\Delta_yTC(y,\tau)$随 y 递增。

证明　首先我们定义 $\Delta_yTC(y,\tau)$为

$$\Delta_yTC(y,\tau)=TC(y,\tau)-TC(y-1,\tau)$$

$$=h\tau\sum_{x=0}^{y-1}p(x,\lambda_1\tau)+yh\tau\sum_{x=y}^{\infty}\frac{1}{x+1}p(x,\lambda_1\tau)$$

$$-\pi_1\sum_{x=y}^{\infty}p(x,\lambda_1\tau)$$

$$=h\tau P(y-1,\lambda_1\tau)+h\frac{y}{\lambda_1}-h\frac{y}{\lambda_1}P(y,\lambda_1\tau)-\pi_1$$

$$+\pi_1P(y-1,\lambda_1\tau)$$

$$=h\tau P(y-1,\lambda_1\tau)+h\frac{y}{\lambda_1}-h\frac{y}{\lambda_1}(P(y-1,\lambda_1\tau)$$

$$+p(y,\lambda_1\tau))-\pi_1+\pi_1P(y-1,\lambda_1\tau)$$

$$=\left(h\tau-h\frac{y}{\lambda_1}+\pi_1\right)P(y-1,\lambda_1\tau)+h\frac{y}{\lambda_1}$$

$$-h\frac{y}{\lambda_1}p(y,\lambda_1\tau)-\pi_1$$

$$=\left(h\tau-h\frac{y}{\lambda_1}+\pi_1\right)P(y-1,\lambda_1\tau)+h\frac{y}{\lambda_1}$$

$$-h\tau p(y-1,\lambda_1\tau)-\pi_1$$

$$=-\left(h\tau-h\frac{y}{\lambda_1}+\pi_1\right)(1-P(y-1,\lambda_1\tau))$$

$$+h\tau(1-p(y-1,\lambda_1\tau))$$

由于 y 是一个非负整数，我们计算 $\Delta_y TC(y,\tau)$的差分为

$$\Delta_y^2 TC(y,\tau)=\Delta_y TC(y,\tau)-\Delta_y TC(y-1,\tau)$$

$$=h\tau\sum_{x=y}^{\infty}\frac{1}{x+1}p(x,\lambda_1\tau)+\pi_1 p(y,\lambda_1\tau)$$

$$=\frac{h}{\lambda_1}-\frac{h}{\lambda_1}P(y,\lambda_1\tau)+\pi_1 p(y,\lambda_1\tau)$$

$$=\frac{1}{\lambda_1}[h-(hP(y-1,\lambda_1\tau)-\lambda_1\pi_1 p(y-1,\lambda_1\tau))]$$

$$>0$$

因此给定 τ，$\Delta_y TC(y,\tau)$是随 y 递增的。 □

基于引理 5.1 和策略 5.1，我们得到了以下定理来得到动态分配水平。

定理 5.2： 我们可以得到 τ 时刻的分配水平 $c(\tau)$为

$$c(\tau)=\begin{cases}0, & TC(1,\tau)+\pi_2>TC(0,\tau)\\ max\{y\mid TC(y,\tau)+\pi_2\leqslant TC(y-1,\tau)\}, & \text{否则}\end{cases}\tag{5-18}$$

证明 我们知道当拒绝类型 2 需求的成本不大于满足它时(即 $TC(y,\tau)+\pi_2\leqslant TC(y-1,\tau)$)，我们拒绝这一需求。其关系也可以写

成 $\Delta_y TC(y, \tau) \leqslant -\pi_2$。由于 $\Delta_y TC(y, \tau)$随 y 递增，因此存在一个最大的 y 满足这一条件。我们定义这个 y 为 $c(\tau)$，并作为 τ 时刻的分配水平。如果 $y > c(\tau)$，满足类型 2 需求的成本较低，因此我们不应该拒绝它。相应的，如果当前库存水平 $y \leqslant c(\tau)$，则拒绝的成本更低，我们应当拒绝它。这样 $c(\tau)$就是 τ 时刻的分配水平。如果没有任何正数 y 满足这一条件(即甚至 $y=1$ 也不能满足)，那么接受类型 2 的需求总是合算的，也就是不存在分配。 □

定理 5.2 帮助我们从策略 5.1 中得到了分配水平，因此我们得到了如下新策略。

策略 5.2: 给定任意剩余时间 τ，如果库存水平在分配水平 $c(\tau)$之上，则接受类型 2 的需求；否则就拒绝它。

由于动态分配水平 $c(\tau)$能够事先计算出来，因此策略 5.2 相比每次都要比较两个成本的方法更容易执行。我们可以从 $\tau=0$ 开始反过来逐步计算 $c(\tau)$。

通过对 $c(\tau)$表达式的观察，可得到如下性质。

性质 5.2: $c(\tau)$只依赖于 λ_i，π_i，h 和 τ。

给定 τ，$c(\tau)$是根据库存成本和两种类型的缺货成本的博弈所决定的。这不依赖于提前期和订货成本。性质 5.2 意味着当面对具有相同 λ_i，π_i 和 h 的样本时，我们只需要计算一次动态服务水平即可。

同样，我们还研究了需要分配的 π_i 的最小的差距。

性质 5.3: 分配的充分条件是 $\pi_1 \geqslant \pi_2/(1-e^{-\lambda_1 L}) + h/\lambda_1$。

证明　从策略 5.1 中我们知道拒绝类型 2 需求的充分条件是 $\Delta_y TC(y, \tau) \leqslant -\pi_2$。又结合等式 TC 的差分，我们可以得到

$$\pi_1 \geqslant \frac{h\tau(1-p(y-1, \lambda_1\tau)) + \pi_2}{1-P(y-1, \lambda_1\tau)} + \frac{h}{\lambda_1}y - h\tau \qquad (5-19)$$

我们将不等式的右边定义为 $PC(y)$，然后计算 $PC(y) - PC(y-1)$。

$$
\begin{aligned}
& PC(y)-PC(y-1) \\
= & \frac{h\tau(1-p(y-1,\ \lambda_1\tau))+\pi_2}{1-P(y-1,\ \lambda_1\tau)} \\
& -\frac{h\tau(1-p(y-2,\ \lambda_1\tau))+\pi_2}{1-P(y-2,\ \lambda_1\tau)}+\frac{h}{\lambda_1} \\
= & \frac{\begin{array}{l} h\tau[p(y-2,\ \lambda_1\tau)(1-P(y-1,\ \lambda_1\tau)) \\ \quad +p(y-1,\ \lambda_1\tau)P(y-2,\ \lambda_1\tau)]+\pi_2 p(y-1,\ \lambda_1\tau) \end{array}}{(1-P(y-1,\ \lambda_1\tau))(1-P(y-2,\ \lambda_1\tau))}+\frac{h}{\lambda_1} \\
> & 0
\end{aligned}
$$

这一结果意味着 $PC(y)$是随 y 递增的。因此我们具有

$$
\pi_1 \geqslant PC(y) > PC(1) = \pi_2/(1-e^{-\lambda_1\tau})+h/\lambda_1 \qquad (5-20)
$$

由于 $y=1$ 是最小的分配水平，满足分配条件的最小的 π_1 是 $\pi_2/(1-e^{-\lambda_1\tau})+h/\lambda_1$。再考虑到提前期 L，分配的充分条件是 $\pi_1 \geqslant \pi_2/(1-e^{-\lambda_1 L})+h/\lambda_1$。 □

我们注意到随着提前期的增加，最小的 π_1 是在递减。这意味着提前期越长，分配的条件越松，分配的必要性增强了。

下面我们研究了 $c(\tau)$和 τ 的关系。当 τ 递增时，需要保留更多的库存给类型 1。这样我们提出了一下假设。

假设 5.3： $c(\tau)$随 τ 递增。

我们可以在图 5-2 中来分析这一假设。两条粗线是不同 τ 下的 $\Delta_y TC(y,\ \lambda_1\tau)$。$\Delta_y TC(y,\ \lambda_1\tau)$和$-\pi_2$ 交点的 X 轴的值是$c(2)$和$c(3)$。根据定理 5.2，这两个值其实就是不同 τ 下的动态分配水平。假设 5.3 意味着 $\Delta_y TC(y,\ \lambda_1\tau)$和$-\pi_2$ 的交点随 τ 增加在向右移动。这等价于当 $\Delta_y TC \leqslant -\pi_2$ 时，$\Delta_y TC$ 随 τ 递减。我们得到

$$
\partial\Delta_y TC(y,\ \tau)/\partial\tau = hP(y-1,\ \lambda_1\tau)-\lambda_1\pi_1 p(y-1,\ \lambda_1\tau) \leqslant 0 \qquad (5-21)
$$

$$\text{s.t.}\quad \Delta_y TC \leqslant -\pi_2 \tag{5-22}$$

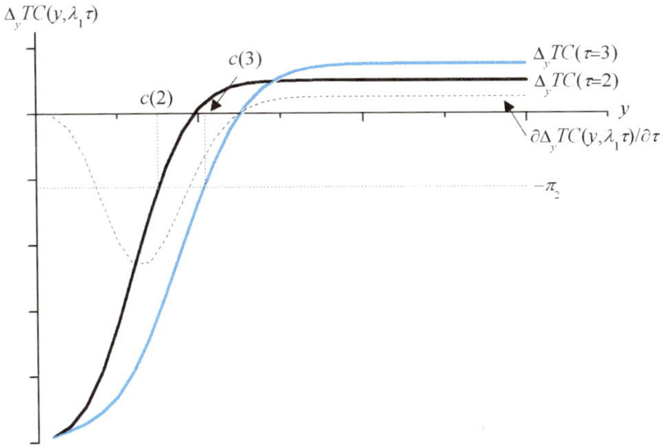

图 5-2　$\Delta_y TC(y, \lambda_1 \tau)$的曲线

我们在所有的数值分析样本中验证了这一不等式，并发现该假设是正确的。假设 5.3 能够帮助我们快速计算 $c(\tau)$，因为当我们增加 τ 时，只需要从上一个 $c(\tau)$ 值开始搜索 c 即可。也就是说我们可以从订单到达时($\tau=0$)开始反向计算 $c(\tau)$。

由于 $c(\tau)$是随 τ 递增的，我们也想了解动态分配水平的极限。

性质 5.4： $c(\tau)$的上限是 $\lambda_1(\pi_1-\pi_2)/h$。

证明　根据假设 5.3，$c(\tau)$随 τ 递增。这样在图 5-2 中，当 $\Delta_y TC(y, \tau) \leqslant -\pi_2$ 时，$\Delta_y TC(y, \tau)$是随 τ 增长向右移动的。随着 τ 接近于无限，$\Delta_y TC(y, \infty)$的斜率会趋近于 h/λ_1。由于存在分配的最小的 y 是 1，我们得到 $\Delta_y TC(1, \infty)=h/\lambda_1-\pi_1$。定义满足 $\Delta_y TC(y, \infty)\leqslant -\pi_2$ 最大的 y 是 y^u，我们得到 $(y^u-1)h/\lambda_1+\Delta_y TC(1, \infty)=-\pi_2$，因此 $y^u=\lambda_1(\pi_1-\pi_2)/h$。 □

这一结果很容易理解。$\pi_1-\pi_2$ 是两种类型缺货成本之差。$h\tau_{\max}=\pi_1-\pi_2$ 意味着在 $\tau_{\max}$内携带一个单位库存的成本等于缺货成本之差。类似于定理 5.1，$\tau_{\max}$可以看作是携带一个单位的库存比较经济的最大时间。这样 $\lambda_1 \tau_{\max} = \lambda_1(\pi_1 - \pi_2)/h$ 是 $\tau_{\max}$ 时期内的期望类型 1 的数量，因而是分配水平的最大值。这一策略告诉我们当 τ 增加时，动态分配水平最终会趋向于一个上限，其主要是由两种类型的缺货成本差值所决定的。

5.7 数值分析

5.7.1 动态分配的效果

在这部分中，我们将要分析动态分配策略相比静态策略的效果。我们仍然采用那 81 个样本进行测算。

我们采用静态策略里的最优 (Q, r) 作为订购策略。由于 v 在订单发出前的效果比较好，我们在订单发出前采用 v 作为分配水平。在订单发出以后，我们采用动态分配策略来替代原先的 u。我们计算了成本之差 $(cost_c - cost_d)/cost_c$，其中 $cost_d$ 定义为动态策略的成本，因此实际百分比代表了动态策略相比静态策略在成本上的改进。另外之前三张表的成本都是使用解析公式求得的精确值，然而此处由于动态策略没有成本模型，因此我们采用仿真的方法来求得 $cost_c$ 和 $cost_d$。我们采用了 30 条需求流，每条需求流包含了十万个随机需求。

表 5-5 动态策略和静态策略的比较(成本差百分比%)

α_1	π_1	$L=1$			$L=3$			$L=5$		
		$K=50$	100	500	$K=50$	100	500	$K=50$	100	500
1/6	20	0.00	0.01	0.00	0.21	0.25	0.00	0.43	0.39	0.00
	100	0.57	0.56	0.21	1.29	1.30	0.28	2.25	1.55	0.29
	1 000	1.38	1.33	0.21	2.69	2.23	0.78	4.51	2.79	0.81

续　表

α_1	π_1	$L=1$			$L=3$			$L=5$		
		$K=50$	100	500	$K=50$	100	500	$K=50$	100	500
3/6	20	0.36	0.37	0.09	0.71	0.75	0.15	1.26	1.04	0.15
	100	0.85	0.90	0.40	1.85	2.13	0.92	3.74	2.87	1.36
	1 000	1.29	1.61	0.45	2.26	2.30	1.82	6.26	3.91	3.10
5/6	20	0.11	0.16	0.06	0.50	0.49	0.19	0.95	0.69	0.26
	100	0.61	0.55	0.12	1.34	1.02	0.88	2.29	1.87	1.51
	1 000	0.37	0.47	0.56	2.58	1.24	1.28	4.23	2.12	2.58

我们可以看到成本差百分比在 0 到 6.26%之间波动，其均值为 1.21%，证明了动态策略要比静态策略表现更好。我们现在研究几个重要因素的影响。

不同的提前期，其平均成本差为 0.50%($L=1$)，1.16%($L=3$)和 1.97%($L=5$)。动态分配的优势随着提前期的增长不断增强。当提前期较长时，动态分配水平和静态策略的差别很大。在提前期期初，它提供了更高的保护水平来防止随机产生的大量低级别需求消耗库存，造成高级别需求类型的缺货。而这一点也正好弥补了 u 在提前期较长时表现不佳的缺点。

不同的订货成本，其平均成本差为 1.66%($K=50$)，1.29%($K=100$)和 0.68%($K=500$)。已知 Q 是随 K 递增的，则周期长度也是随 Q 递增的。这样 $K=50$ 意味着一个较短的周期长度。许多具有相同 K($K=50$ 和 $K=100$)的样本都具有相同的 r 和分配水平，因此他们从动态分配中得到的利益也是相同的。然而由于周期长度不同，平均成本也不同。$K=50$ 的样本因周期较短，因而获取了更多的收益。

不同的类型 1 的缺货成本，其平均成本差为 0.35%($\pi_1=20$)，

1.24%($\pi_1=100$)和 2.04%($\pi_1=1\ 000$)。由于动态分配策略能够给类型 1 提供比静态策略更好的保护,因此当类型 1 的重要性提升时,动态策略获取的利益自然也就更大。

根据不同的需求比例,其平均成本差为 0.97%($\alpha_1=1/6$), 1.59%($\alpha_1=3/6$)和 1.08%($\alpha_1=5/6$)。成本差百分比不是随 α_1 单调变化的,当两类需求的需求率相近时,动态策略的效果更好。这是因为当 α_1 较小时,低级别需求主导了总需求。动态分配水平比较接近静态水平,因此其绩效也是相同的。当 α_1 较大时,又不存在过多的分配行为,因此也无法体现动态分配的优势。

总结来说,动态策略在提前期较长、订货成本较小、需求类型的缺货成本差距较大,以及需求率接近时表现较好。

5.7.2 动态分配的模式

下面我们将分析动态分配策略的模式。我们选取了 3 个样本,它们都具有 $\lambda_1=\lambda_2=3$, $\pi_1=20$ 和 $K=500$,但是具有不同的提前期($L=1$, 3, 5)。我们在图 5-3 中画出了提前期内的 $c(\tau)$和提前期外的分配水平 v。

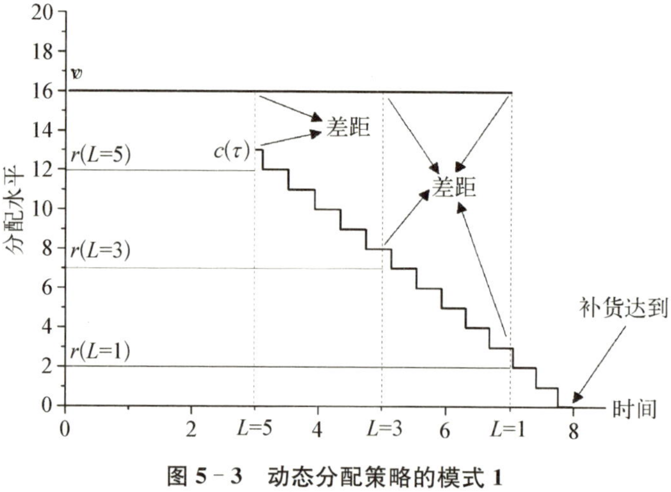

图 5-3 动态分配策略的模式 1

首先我们注意到动态分配水平在三个样本中是相同的。这是因为 $c(\tau)$只依赖于 λ_i，π_i，h 和 τ。提前期只是决定动态分配水平使用的范围。第二,我们注意到 v 和提前期内最大的分配水平 $c(L)$之间有一个差距,分配水平在订单发出以后下降了不少。分配水平的下降反映了信息的价值。当订单发出以后,我们获取了补货何时到达的信息,这一信息告诉我们高级别需求需要保护的时间,我们根据这一信息调整了分配水平。进一步我们发现这一下降的差距随着提前期 L 增大而缩小。这是因为当提前期较大时,当订单发出时仍然有较长的时间需要用来保护高级别需求,这一信息和较小的 L 相比不那么有价值,因此分配水平不会下降太多。

我们选取了另外三种样本具有相同的 $\lambda_1=\lambda_2=3$，$L=5$，$K=500$ 和不同的类型 1 缺货成本 ($\pi_1=20$，100，1 000)。我们将这三个样本的动态分配水平 $c(\tau)$画在图 5－4 中。

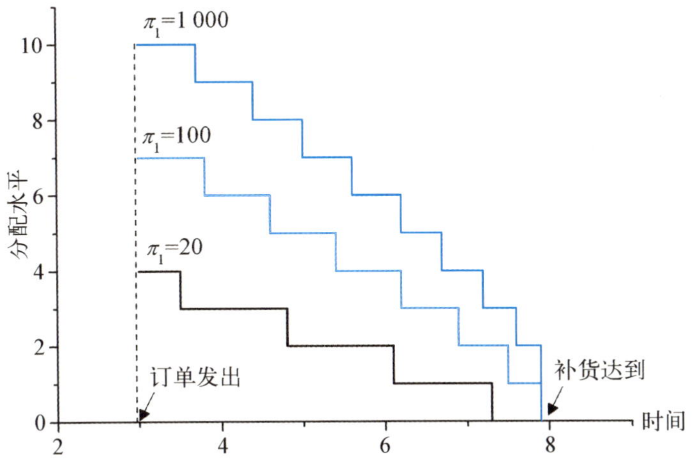

图 5－4　动态分配策略的模式 2

从图中我们可以看到,随着 π_1 是递增的,动态分配水平也是递增的。当 π_1 较大时,类型 1 的优先级得到了增强,因此也就需要更高的分配水平。然而,当订单即将达到时,所有的分配水平都将下降到 0。这是因为当提前期即将结束时，由类型 1 的需求来消耗库存的概率已经非常小了，这时如果出现了类型 2 的需求就应该满足它，也就不需要分配水平了。这样的话，随着提前期的消逝，π_1 较大的动态分配水平线会非常快的从一个较高的位置下降到 0。

进一步观察，动态分配水平在提前期内呈现出一个递减的阶梯状函数，随着补货即将到达，分配水平在各数值上的停留时间在缩短，也就是说，当补货即将到达时，及时调整分配水平就变得尤为重要。

5.8 多于两种需求类型的讨论

我们的模型还可以很简单地拓展到两种需求类型以上的情况。假设有 n 种需求类型，$n>2$。每种需求类型 $i(i\leqslant n)$ 都服从需求率为 λ_i 的泊松分布，以及具有缺货成本 π_i。我们假设 π_i 是随 i 递减的，从而给各个需求类型指定了不同的优先级。这样类型 1 就具有最高优先级，而类型 n 的优先级最低。

首先，我们考虑提前期内的动态分配。定义 $c_i(\tau)$ 为类型 i 在剩余时间为 τ 时的分配策略。很明显，$c_1(\tau)$ 应当等于 0。我们仍然通过比较满足和拒绝需求的成本来决定 $c_i(\tau)$，$i>1$。首先，基于性质 5.1，我们得到了类似的性质：

性质 5.5： 当为了确定 τ 时刻的 $c_i(\tau)$ 而计算期望 $TC(y, \tau)$ 时，在这个决策的时间点，我们假设所有类型 j，$j\geqslant i$ 的需求都将在剩余 τ 时期内被拒绝。

这一性质的解释和性质 5.1 是类似的。如果我们计划未来将满足一个来自类型 $j(j\geqslant i)$ 的需求，那么我们不应当拒绝目前来自类型 $j(j\geqslant i)$ 的需求，因为缺货成本在任何时间都是相同的。然而这一性质在多于两种需求类型的模型中是不够的，因为我们仍然具有 $i-1$ 种需求类型要处理，因此我们做出了另一个假设。

假设 5.4： 当为了确定 τ 时刻的 $c_i(\tau)$ 而计算期望 $TC(y, \tau)$ 时，我们假设所有类型 $j(j<i)$ 的需求都是相同的，并按照 FCFS 来满足。

假设 5.4 将所有优先级高于类型 i 的需求在 τ 时刻都看做是相同的。这样在 τ 时期内的需求率是 $\sum_{j=1}^{i-1}\lambda_j$。这一假设使得我们能够不用考虑其他类型之间的分配来计算 τ 内的平均成本。因此我们能够得到类型 i 的动态分配水平为

$$c_i(\tau) = max\{y \mid TC(y, \tau) + \pi_i \leqslant TC(y-1, \tau)\} \quad (5-23)$$

当计算 $TC(y, \tau)$ 时，我们应当替换 B_1，B_2，HC_1 和 HC_2 公式内的需求率 λ_1 为 $\sum_{j=1}^{i-1}\lambda_j$，$\lambda_2$ 为 $\sum_{j=i}^{n}\lambda_j$、缺货成本 π_1 为 $\sum_{j=1}^{i-1}\lambda_j\pi_j / \sum_{j=1}^{i-1}\lambda_j$，$\pi_2$ 为 $\sum_{j=i}^{n}\lambda_j\pi_j / \sum_{j=i}^{n}\lambda_j$。

然后我们定义 v_i，$i>1(v_1=0)$ 为类型 i 在订单发出之前的分配水平。v_i 仍然可以通过定理 5.1 来得到。从期初保有一个单位的库存一直到类型 i 的分配水平为止所需的库存成本应该等于类型 i 的缺货成本，即 $ht_{v_i}=\pi_i$，其中 t_{v_i} 被定义为库存达到 v_i 的期望时间。由于 $\pi_{i+1}<\pi_i$，我们具有 $t_{v_{i+1}}<t_{v_i}$。然而由于我们具有两种以上需求类型，我们在提前期前具有多条分配水平，因此 t_{v_i} 将受到 $t_{v_{i+1}}$ 的影响。我们首先计算类型 n 的分配水平，因为它独立于其他任何类型的分配水平。根据公式 5-11，我们得到

$$v_n = Q - \lambda\pi_n/h + \sum_{j=0}^{r}(r-j)p\left(j, \sum_{j=1}^{n-1}\lambda_j L\right) \quad (5-24)$$

在这一式子中，我们仍然利用了假设 5.4 来设置提前期内的需求率为 $\sum_{j=1}^{n-1}\lambda_j L$。然后我们考虑类型 $i(i<n)$，t_{v_i} 受到 $v_j(j>i)$ 的影响。我们

注意到两条分配水平之间的时间差为 $t_{v_i}-t_{v_i+1}=(\pi_i-\pi_{i+1})/h$。并且 $t_{v_i}-t_{v_i+1}$ 的期望值是 $(v_{i+1}-v_i)/\sum_{j=1}^{i}\lambda_j$。因此我们能够通过以下关系递归得到类型 i 的分配水平。

$$\frac{v_{i+1}-v_i}{\sum_{j=1}^{i}\lambda_j}=\frac{\pi_i-\pi_{i+1}}{h} \tag{5-25}$$

当然只有当 $v_i\geqslant r$ 时才有效。

我们把该方法同 Melchiors(2003)的结果进行了比较。他考虑了一种限制时间记忆策略来处理 4 种需求类型。我们测试了其文章中所有的数值样本,发现他的动态分配策略相比静态策略平均改进了 0.65%(在提前期分为 2 段的情况下),而我们的策略改进了 0.79%。这意味着我们的策略更好,并且我们所做的假设都是合理的。

5.9 结　　论

本章我们考虑一个库存系统面对两种需求类型,且缺货为丢失的。我们试图利用简便的计算方式来得到近似的分配水平。

我们首先设计了订单发出之前和之后的两种简单的近似分配水平。前者是基于期初开始逝去的时间。当需要在订单发出之前分配时,该近似水平表现非常完美。后者考虑了补货到达时间,并利用类型 1 的安全库存来近似分配水平。当 K 不是很大时,其表现非常好。我们还利用这两个近似水平来简化搜索(Q, r)。新的算法表现非常接近于最优值,且极大减少了计算时间。

尽管近似静态分配水平很容易实施,但其只是静态地利用了信息。我们进一步设计了动态分配策略,在订单发出之后,通过比较满足和拒绝低级别需求的成本来制定分配决策。我们设计了一个简单的方法来计算任意剩余提前期下的分配水平。然后我们将动态策略和订单发出前的近似静态分配水平一起实施，发现其相比原有最优静态策略表现更好。数值分析还指出动态策略在提前期较长、固定订货成本较小，需求类型成本差较大，需求类型需求率较接近时表现更好。

在静态策略和动态策略中，我们注意到信息在计算分配水平中的作用。信息包括了库存水平、提前期、剩余到货时间等。即使是订货点这一时刻也非常重要，因为其给出了提前期信息，从而导致了提前期之前的静态分配策略转换到提前期之后的动态策略。

本书不足之处是，我们利用了静态策略的最优(Q, r)来实施动态策略。由于动态策略的成本更低，其实可以通过调整 Q 和 r 的方式来获取更大的利益。然而，由于动态策略的成本函数未知，因此如何调整(Q, r)需要未来进一步研究。

第6章 总结与展望

本书主要关注于面对多种需求类型的库存系统的分配策略研究。鉴于现有研究不足和我们在行业现实中观察到的问题，我们在原有库存分配问题中考虑了三种新的需求类型的区别特性，从而充实了这一方面的研究，并加强了理论研究与实际问题的结合。进一步，考虑到现有分配策略都是静态的，不能适应随机波动的环境，我们还设计了简便易实行的动态策略，并得到了相比静态策略更好的绩效。总结来说，本书具有以下主要结论和创新点。

6.1 主要结论与创新点

在本书的第一大部分中，我们通过三章的篇幅讨论了三种新的需求类型的特性，并设计了相应的分配策略和计算算法。具体来说有以下主要结论和创新：

(1) 根据生产企业的实际问题，我们考虑了一个有限时域下采用周期性检查策略的库存系统，该系统同时面对未来一定时期的确定时变需求和随机需求。为了利用已经给出的一定时期内的需求信息，我们使用动态规划法构建了该系统的动态模型，以获取其最优策略(Q, w)。进一步，我们根据最优策略的性质设计了一种启发式算法，以成本持续下降为准则来决定每次订货所覆盖的时期数量，从而避免动态规划算法速度慢的弱点。并且数值分析表明在时域滚动的环境下启发式算法在绝大多数情况下表现都比动态规划法要好，尤其在缺货成本接近于采购成本时，或者随机需求占总需求多数的情况下。该项研究弥补了以往研究确定需求是定值的缺陷，更符合现实情况。

(2) 根据零售行业中小批发商的实际采购行为模式，我们考虑了对分配反应不同的两种需求类型。已有文献中的分配策略是通过先共享库存来节约成本，再保留部分库存来给高级别需求类型。然而实际上，那些低级别客户（如中小批发商）在分配后可能为了恢复到分配前的服务水平而在有货时产生提前购买行为（提高需求率），从而对高级别客户造成影响。为了避免这种风险，我们设计了一种新的固定数量策略以限制低级别客户的需求满足总量，防止其过度占用高级别客户的库存。通过性质分析和数值分析发现，当低级别客户存在需求改变情况时，固定数量策略能够为高级别需求类型提供比较稳定的服务水平，并且在两类需求量比较接近、缺货成本差别较大、提前期不长时表现比较原有分配策略更好。该项研究基于对实际情况的观察，首次考虑了客户对于分配策略的反馈，指出了库存分配策略在实际应用中可能存在的问题和相应的调整方案。

(3) 根据零售行业供应商和零售商之间的供货率保证模式，我们考虑了缺货控制方式不同的两种需求类型，一种是通过缺货成本来控制缺货，另一种是直接限定最低服务水平。我们采用门槛清除机制来构建可以分析的模型，并利用在确定型模型中得到的性质设计了启发式算法，得到了决策变量的上下限，从而能够快速求得近似最优策略。数值分析表明，我们的启发式算法和 Deshpande 等（2003）的研究相比，无论是在方案的质量和求解的时间上都表现较好。另外，由于门槛清除机制不适合订货成本较小的情况，我们采用了混合机制，即利用启发式算法得到的方案实施优先级清除机制，并在各种参数环境下得到了较好的结果。进一步的研究表明分配策略能够改进系统的绩效，尤其当低级别需求主导总需求量，服务水平差距较大，提前期较长时表现更好。该项研究结合了企业常用的两种绩效评价模式，使得库存分配策略的适用范围得以扩大。并且文中对于启发式算法的设计思路比较独到，对于解决类似的离散非凸函数的最优化问题有借鉴意义。

在本书的第二大部分中，我们用一个章节讨论了动态分配策略的设计和计算，具体来说有以下主要结论和创新：

（1）鉴于在原有研究中对于最优分配策略的计算非常复杂和耗时，我们利用不同的信息设计了两种非常简便的计算静态分配水平的公式，分别适用于订单发出前分配和订单发出后分配。其中订单发出前分配的计算结果就等于最优结果，而订单发出后分配的计算结果在订货成本不是非常大时表现很好。利用这两个近似方法，我们可以再进一步搜索最优的订货策略，从而得到非常接近于最优策略的方案，并且所耗时间平均只有原先的十分之一。

（2）尽管我们给出了简便的静态策略计算方法，静态策略本身还具有缺陷，它在随机环境下并不是最优策略。本书通过比较接受和拒绝低级别需求的成本设计了动态分配策略，并通过策略的性质进一步得到了动态分配水平的计算方法。该方法计算简便，所需时间可以忽略不计，并且能够明显在最优静态策略的基础上再降低成本，能够适合企业实际使用。

该项研究打破了静态和动态策略分配策略求解难的困境，所设计的算法能够很容易地在商业软件中得以应用，有助于推动库存分配策略在实际工作中的应用。

6.2 研究不足和未来方向

在本书中，几乎所有的随机需求都假设是服从泊松分布的，并在某些计算公式推导部分利用了泊松分布的性质。然而实际中还存在多种其他分布，应当再选取两个常用分布进行测试，看研究结论是否适用。

下一步，我们认为最有价值的研究方向是我们在图1-1中提到的，研究价格可变下的库存控制策略。因为实际上，大多数产品的需求对于价格都是敏感的，因此我们完全可以通过价格来改变需求，从而实现类似的库存分配策略的效果。并且，通过这种方法，我们还可以更好地优化企业的收入。至于研究方法来说，通过价格来调节需求从而到达能力分配的效果在收益管理中已经有了很成熟的使用，我们可以借鉴部分方法和工具，再结合库存控制策略进行研究，最后还可以和本书的一些库存分配策略进行比较。

参考文献

[1] Agrawal V, Seshadri S. Distribution free bounds for service constrained (Q, r) inventory systems [J]. Naval Research Logistics, 2000, 47: 635 - 656.

[2] Arslan H, Graves S C, Roemer T A. A single-product inventory model for multiple demand classes [J]. Management Science, 2007, 53(9): 1486 - 1500.

[3] Atkins D, Katircioglu K. Managing inventory for multiple customers requiring different levels of service [M]//Working paper 94 - MSC - 015. University of British Columbia Vancouver, BC, 1995.

[4] Axsater S, Kleijn M, De Kok T G. Stock rationing in a continuous review two-echelon inventory model [J]. Annals of Operations Research, 2004, 126(1 - 4): 177 - 194.

[5] Ayanso A, Diaby M, Nair S K. Inventory rationing via drop-shipping in Internet retailing: A sensitivity analysis [J]. European Journal of Operational Research, 2006, 171(1): 135 - 152.

[6] Aydin S, Akcay Y, Karaesmen F. On the structural properties of a discrete-time single product revenue management problem [J]. Operations Research Letters, 2009, 37(4): 273 - 279.

[7] Benjaafar S, ElHafsi M. Production and inventory control of a single product

assemble-to-order system with multiple customer classes [J]. Management Science, 2006, 52(12): 1896 - 1912.

[8] Brumelle S, Walczak D. Dynamic airline revenue management with multiple semi-Markov demand [J]. Operations Research, 2003, 51(1): 137 - 148.

[9] Cattani K D, Souza G C. Inventory rationing and shipment flexibility alternatives for direct market firms [J]. Production and Operations Management, 2002, 11(4): 441 - 457.

[10] Chen S X, Xu J J, Feng Y Y. A Partial Characterization of the optimal ordering/rationing policy for a periodic review system with two demand classes and backordering [J]. Naval Research Logistics, 2010, 57(4): 330 - 341.

[11] Chew E P, Lee L H, Teng S Y, et al. Differentiated service inventory optimization using nested partitions and MOCBA [J]. Computers & Operations Research, 2009, 36(5): 1703 - 1710.

[12] Cohen M A, Kleindorfer P R, Lee H L. Service constrained (s, S) inventory systems with priority demand classes and lost sales [J]. Management Science, 1988, 34: 482 - 499.

[13] Cohen M A, Zheng Y S, Wang Y Z. Identifying opportunities for improving Teradyne's service-parts logistics system [J]. Interfaces, 1999, 29(4): 1 - 18.

[14] Davis C, Jha M K. Modeling the effects of socioeconomic factors in highway construction and expansion [J]. Journal of Transportation Engineering-Asce, 2009, 135(12): 990 - 998.

[15] Defregger F, Kuhn H. Revenue management for a make-to-order company with limited inventory capacity [J]. Or Spectrum, 2007, 29(1): 137 - 156.

[16] Dekker R, Hill R M, Kleijn M J, et al. On the (S - 1, S) lost sales inventory model with priority demand classes [J]. Naval Research Logistics, 2002, 49(6): 593 - 610.

[17] Dekker R, Kleijn M J, Rooij P J. A spare parts stocking policy based on equipment criticality [J]. International Journal of Production Economics, 1998, 56: 69 - 77.

[18] Deshpande V, Cohen M A, Donohue K. A threshold inventory rationing policy for service-differentiated demand classes [J]. Management Science, 2003, 49(6): 683 - 703.

[19] Ding Q, Kouvelis P, Milner J M. Dynamic pricing for multiple class deterministic demand fulfillment [J]. IIE Transactions, 2007, 39 (11): 997 - 1013.

[20] Ding Q, Kouvelis P, Milner J M. Dynamic pricing through discounts for optimizing multiple-class demand fulfillment [J]. Operations Research, 2006, 54(1): 169 - 183.

[21] Duran S, Liu T M, Simchi-Levi D, et al. Optimal production and inventory policies of priority and price-differentiated customers [J]. IIE Transactions, 2007, 39(9): 845 - 861.

[22] ElHafsi M. Optimal integrated production and inventory control of an assemble-to-order system with multiple non-unitary demand classes [J]. European Journal of Operational Research, 2009, 194(1): 127 - 142.

[23] Evans R. Sales and restocking policies in a single item inventory system [J]. Mana, 1968,14: 463 - 472.

[24] Fadiloglu M M, Bulut O. A dynamic rationing policy for continuous-review inventory systems [J]. European Journal of Operational Research, 2010, 202(3): 675 - 685.

[25] Federgruen A, Zheng Y S. An efficient algorithm for computing an optimal (r, Q) policy in continuous review stochastic inventory systems [J]. Operations Research, 1992, 40: 808 - 813.

[26] Frank K C, Zhang R Q, Duenyas I. Optimal policies for inventory systems with priority demand classes [J]. Operations Research, 2003, 51(6):

993 - 1002.

[27] Gao C Y, Shen H C, Cheng T C E. Order-fulfillment performance analysis of an assemble-to-order system with unreliable machines [J]. International Journal of Production Economics, 2010, 126(2): 341 - 349.

[28] Gao L L, Altay N, Robinson E P. A comparative study of modeling and solution approaches for the coordinated lot-size problem with dynamic demand [J]. Mathematical and Computer Modelling, 2008, 47(11 - 12): 1254 - 1263.

[29] Gayon J P, Benjaafar S, Vericourt F. Using imperfect advance demand information in production-inventory systems with multiple customer classes [J]. M&Som-Manufacturing & Service Operations Management, 2009, 11(1): 128 - 143.

[30] Gayon J P, De Vericourt F, Karaesmen F. Stock rationing in an M/E-r/1 multi-class make-to-stock queue with backorders [J]. IIE Transactions, 2009, 41(12): 1096 - 1109.

[31] Gharbi N, Dutheillet C, Ioualalen M. Colored stochastic Petri nets for modelling and analysis of multiclass retrial systems [J]. Mathematical and Computer Modelling, 2009, 49(7 - 8): 1436 - 1448.

[32] Gosavi A, Bandla N, Das T K. A reinforcement learning approach to a single leg airline revenue management problem with multiple fare classes and overbooking [J]. IIE Transactions, 2002, 34(9): 729 - 742.

[33] Gunalay Y, Gupta D. Polling systems with a patient server and state-dependent setup times [J]. IIE Transactions, 1997, 29(6): 469 - 480.

[34] Gupta J N D, Ho J C, vanderVeen J A A. Single machine hierarchical scheduling with customer orders and multiple job classes [J]. Annals of Operations Research, 1997, 70: 127 - 143.

[35] Gurumurthi S, Benjaafar S. Modeling and analysis of flexible queueing systems [J]. Naval Research Logistics, 2004, 51(5): 755 - 782.

[36] Ha A Y. Stock rationing in an M/E-k/1 make-to-stock queue [J]. Management Science, 2000, 46(1): 77 - 87.

[37] Ha A Y. Stock-rationing policy for a make-to-stock production system with two priority classes and backordering [J]. Naval Research Logistics, 1997, 44(5): 457 - 472.

[38] Ha A Y. Inventory rationing in a make-to-stock production system with several demand classes and lost sales [J]. Management Science, 1997, 43 (8): 1093 - 1103.

[39] Heijden M C. Multi-echelon inventory control in divergent systems with shipping frequencies [J]. European Journal of Operational Research, 1999, 116(2): 331 - 351.

[40] Helber S, Henken K. Profit-oriented shift scheduling of inbound contact centers with skills-based routing, impatient customers, and retrials [J]. Or Spectrum, 2010, 32(1): 109 - 134.

[41] Hill R M, Johansen S G. Optimal and near-optimal policies for lost sales inventory models with at most one replenishment order outstanding [J]. European Journal of Operational Research, 2006, 169(1): 111 - 132.

[42] Hirayama T. Multiclass polling systems with Markovian feedback: Mean sojourn times in gated and exhaustive systems with local priority and FCFS service orders [J]. Journal of the Operations Research Society of Japan, 2005, 48(3): 226 - 255.

[43] Hu B, Benjaafar S. Partitioning of servers in queueing systems during rush hour [J]. M&Som-Manufacturing & Service Operations Management, 2009, 11(3): 416 - 428.

[44] Hu X X, Duenyas I, Kapuscinski R. Optimal joint inventory and transshipment control under uncertain capacity [J]. Operations Research, 2008, 56(4): 881 - 897.

[45] Huang B, Iravani S M R. A make-to-stock system with multiple customer

classes and batch ordering [J]. Operations Research, 2008, 56(5): 1312-1320.

[46] Huang B, Iravani S M R. Optimal production and rationing decisions in supply chains with information sharing [J]. Operations Research Letters, 2007, 35(5): 669-676.

[47] Huang X T, Serfozo R F. Spatial queueing processes [J]. Mathematics of Operations Research, 1999, 24(4): 865-886.

[48] Jang W, Kim D. Integrated production and allocation policies with one direct shipping option [J]. European Journal of Operational Research, 2007, 181(2): 716-732.

[49] Johnson M E, Jackman J. Interval coverage in multiclass queues using batch mean estimates [J]. Management Science, 1996, 42(12): 1744-1752.

[50] Kao E P C, Wilson S D. Analysis of nonpreemptive priority queues with multiple servers and two priority classes [J]. European Journal of Operational Research, 1999, 118(1): 181-193.

[51] Kaplan A. Stock rationing [J]. Manage, 1969, 15: 260-267.

[52] Karaesmen I, Ryzin G. Overbooking with substitutable inventory classes [J]. Operations Research, 2004, 52(1): 83-104.

[53] Kleber R, Minner S, Kiesmuller G. A continuous time inventory model for a product recovery system with multiple options [J]. International Journal of Production Economics, 2002, 79(2): 121-141.

[54] Kleijn M, Dekker R. An overview of inventory systems with several demand classes [M]//New Trends in Distribution Logistics. Springer Berlin Heidelberg, 1999: 253-265.

[55] Kocaga Y L, Sen A. Spare parts inventory management with demand lead times and rationing [J]. IIE Transactions, 2007, 39(9): 879-898.

[56] Kohler G I, Bode-Boger S M, Busse R, et al. Drug-drug interactions in medical patients: Effects of in-hospital treatment and relation to multiple

drug use [J]. International Journal of Clinical Pharmacology and Therapeutics, 2000, 38(11): 504 - 513.

[57] Kranenburg A A, Houtum G J. Service differentiation in spare parts inventory management [J]. Journal of the Operational Research Society, 2008, 59(7): 946 - 955.

[58] Kranenburg A A, Houtum G J. Cost optimization in the (S - 1, S) lost sales inventory model with multiple demand classes [J]. Operations Research Letters, 2007, 35(4): 493 - 502.

[59] Kunnumkal S, Topaloglu H. A stochastic approximation method for the single-leg revenue management problem with discrete demand distributions [J]. Mathematical Methods of Operations Research, 2009, 70(3): 477 - 504.

[60] Lagodimos A G, Koukoumialos S. Service performance of two-echelon supply chains under linear rationing [J]. International Journal of Production Economics, 2008, 112(2): 869 - 884.

[61] Langaris C, Katsaros A. Preemptive resume priorities in an n-class structured queue with server vacations [J]. Journal of the Operations Research Society of Japan, 1997, 40(1): 45 - 61.

[62] Lee H L, Padmanabhan V, Whang S J. Information distortion in a supply chain: The bullwhip effect [J]. Management Science, 1997, 43(4): 546 - 558.

[63] Lee J E, Hong Y S. A stock rationing policy in a (s,S)-controlled stochastic production system with 2-phase Coxian processing times and lost sales [J]. International Journal of Production Economics, 2003, 83(3): 299 - 307.

[64] Liu T M, Methapatara C, Wynter L. Revenue management model for on-demand IT services [J]. European Journal of Operational Research, 2010, 207(1): 401 - 408.

[65] Mak H Y, Shen Z J M. Stochastic programming approach to process

flexibility design [J]. Flexible Services and Manufacturing Journal, 2009, 21 (3-4): 75-91.

[66] Mallik S, Harker P T. Coordinating supply chains with competition: Capacity allocation in semiconductor manufacturing [J]. European Journal of Operational Research, 2004, 159(2): 330-347.

[67] Melchiors P. Restricted time-remembering policies for the inventory rationing problem [J]. International Journal of Production Economics, 2003, 81-2: 461-468.

[68] Melchiors P, Dekker R, Kleijn M J. Inventory rationing in an (s, Q) inventory model with lost sales and two demand classes [J]. Journal of the Operational Research Society, 2000, 51(1): 111-122.

[69] Mollering K T, Thonemann U W. An optimal constant level rationing policy under service level constraints [J]. Or Spectrum, 2010, 32(2): 319-341.

[70] Mollering K T, Thonemann U W. An Optimal Critical Level Policy for Inventory Systems with Two Demand Classes [J]. Naval research logistics, 2008, 55(7): 632-642.

[71] Moon I, Kang S. Rationing policies for some inventory systems [J]. Journal of the Operational Research Society, 1998, 49(5): 509-518.

[72] Nahmias S, Demmy W S. Operating characteristics of an inventory system with rationing [J]. Management Science, 1981, 27: 1236-1245.

[73] Platt D E, Robinson L W, Freund R B. Tractable (Q, R) heuristic models for constrained service levels [J]. Management Science, 1997, 43: 951-965.

[74] Rosling K. The (r, Q) inventory model with lost sales [J]. Vaxjo University Sweden, 2002.

[75] Ross S M. Stochastic Processes [M]. New York: Wiley, 1996.

[76] Sen A, Zhang A X. The newsboy problem with multiple demand classes [J]. IIE Transactions, 1999, 31(5): 431-444.

[77] Sobel M J, Zhang R Q. Inventory policies for systems with stochastic and

deterministic demand [J]. Operations Research, 2001, 49: 157-162.

[78] Tan T, Gullu R, Erkip N. Using imperfect advance demand information in ordering and rationing decisions [J]. International Journal of Production Economics, 2009, 121(2): 665-677.

[79] Tempelmeier H. Supply chain inventory optimization with two customer classes in discrete time [J]. European Journal of Operational Research, 2006, 174(1): 600-621.

[80] Teunter R H, Haneveld W K K. Dynamic inventory rationing strategies for inventory systems with two demand classes, Poisson demand and backordering [J]. European Journal of Operational Research, 2008, 190(1): 156-178.

[81] Topkis D. Optimal ordering and rationing policies in a nonstationary dynamic inventory model with n demand classes [J]. Management Science, 1968, 15: 160-176.

[82] Veinott A F. Optimal policy for a multi-product, dynamic, nonstationary inventory problem [J]. Management Science, 1965, 12: 206-222.

[83] Wagner H M, Whitin T M. Dynamic Version of the Economic Lot Size Model [J]. Management Science, 1958, 5: 89-96.

[84] Wang D, Ou T, Huo J. Inventory policies with multiple demand classes and different back-order treatments [R]. Proceedings of 16th International symposium on inventories, Budapest, 2010.

[85] Wang H F, Yan H M. Inventory management for customers with alternative lead times [J]. Production and Operations Management, 2009, 18(6): 705-720.

[86] Watanapa B, Techanitisawad A. Simultaneous price and due date settings for multiple customer classes [J]. European Journal of Operational Research, 2005, 166(2): 351-368.

[87] Xu J J, Chen S X, Lin B, et al. Optimal production and rationing policies of

a make-to-stock production system with batch demand and backordering [J]. Operations Research Letters, 2010,38(3): 231 - 235.

[88] You P S. Dynamic rationing policies for product with incremental upgrading demands [J]. European Journal of Operational Research, 2003, 144(1): 128 - 137.

[89] Zhang J. Managing multi-customer service level requirements with a simple rationing policy [J]. Operations Research Letters, 2003, 31(6): 477 - 482.

[90] Zhao H, Deshpande V, Ryan J K. Emergency transshipment in decentralized dealer networks: When to send and accept transshipment requests [J]. Naval Research Logistics, 2006,53(6): 547 - 567.

[91] Zhao H, Deshpande V, Ryan J K. Inventory sharing and rationing in decentralized dealer networks [J]. Management Science, 2005, 51(4): 531 - 547.

[92] Zhao H, Ryan J K, Deshpande V. Optimal dynamic production and inventory transshipment policies for a two-location make-to-stock system [J]. Operations Research, 2008, 56(2): 400 - 410.

[93] Zhou Y, Zhao X B. A two-demand-class inventory system with lost-sales and backorders [J]. Operations Research Letters, 2010, 38(4): 261 - 266.

[94] Zipkin P. On the structure of lost-sales inventory models [J]. Operations Research, 2008, 56(4): 937 - 944.

[95] Zipkin P. Foundations of inventory management [M]. New York: McGraw-Hill, 2000.

[96] 周筠,赵晓波. 两种销售渠道间的库存分配问题[J]. 工业工程与管理, 2010, 15(3): 26 - 30.

[97] 汪小京,刘志学,郑长征. 多类顾客环境下报童模型中库存分配策略研究[J]. 中国管理科学, 2010,18(4): 65 - 72.

[98] 汪小京,刘志学,郑长征. 周期性补货系统中多类顾客的库存分配策略[J]. 武汉理工大学学报(信息与管理工程版), 2010,32(4): 661 - 667.

[99] 汪达钦，霍佳震. 有限时域下多需求类型产品的库存策略[J]. 系统工程理论与实践，2010，30(6)：981－986.

[100] 裘民民，赵晓波，王建才. 基于(s，S)库存策略的分销系统最优分配问题[J]. 清华大学学报(自然科学版)，2006，46(5)：749－752.

[101] 赵晓波，谢金星，张汉勤，等. 展望服务科学[J]. 工业工程与管理，2009，14(1)：1－4.

附录　相关数值分析程序展示

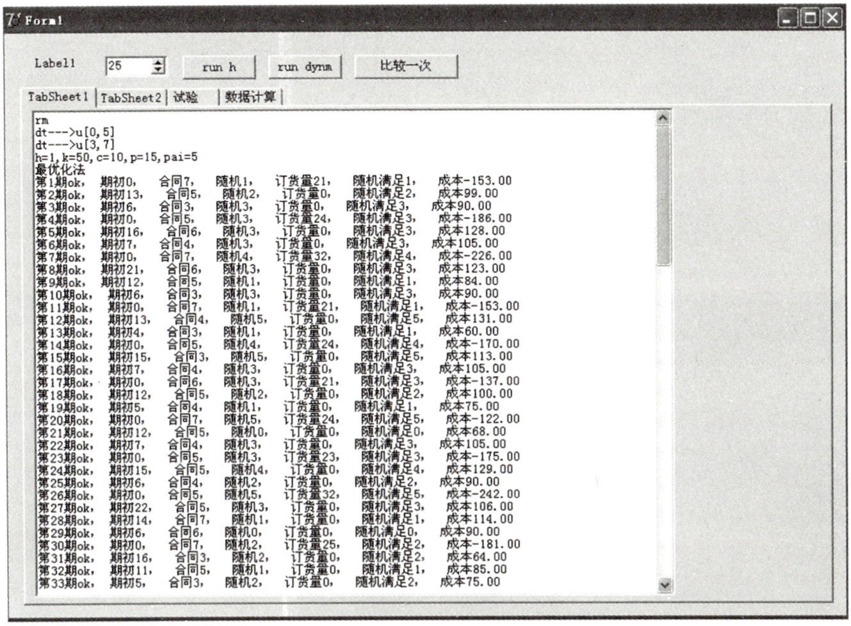

附图-1　第 2 章启发式算法程序软件截图

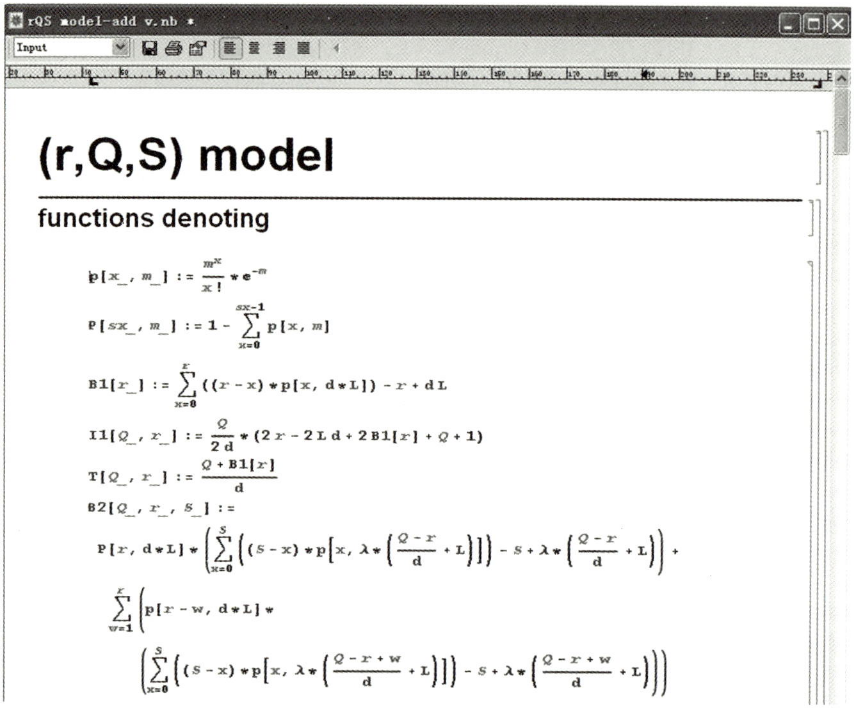

附图-2　第3章(r, Q, S)策略算法截图

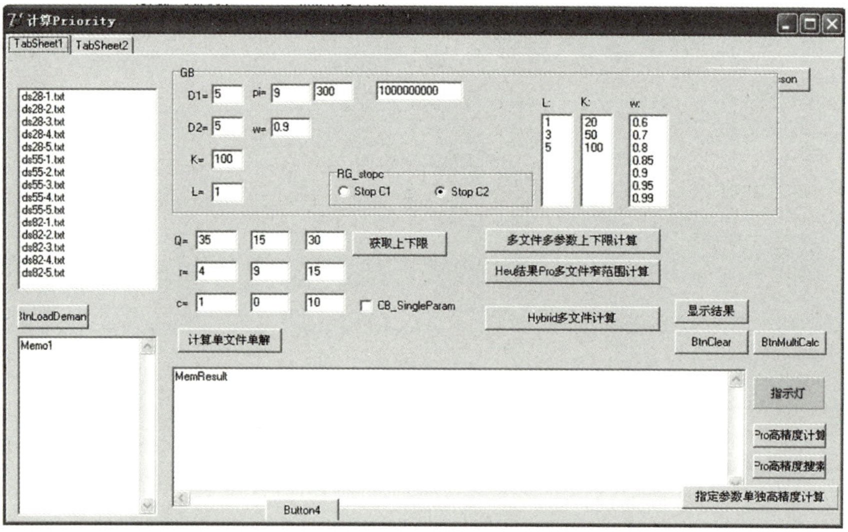

附图-3　第4章优先级清除机制程序软件截图

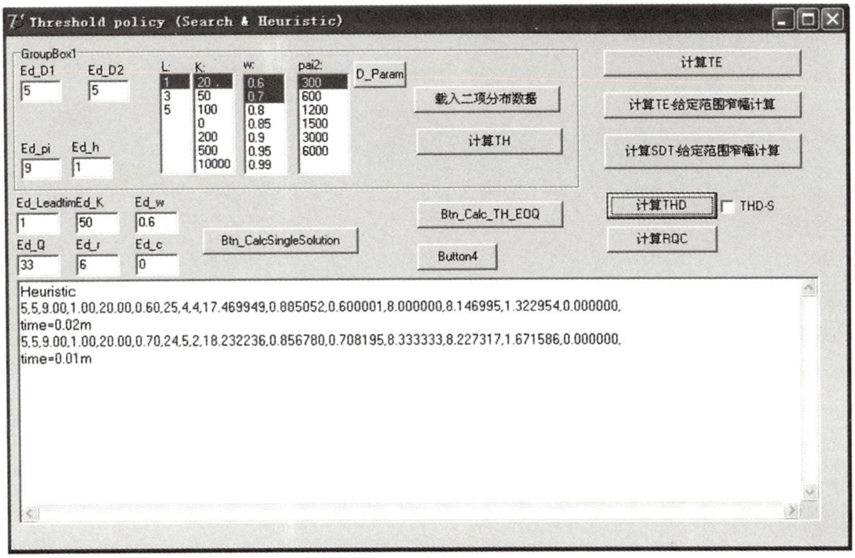

附图-4　第4章门槛清除机制程序软件截图

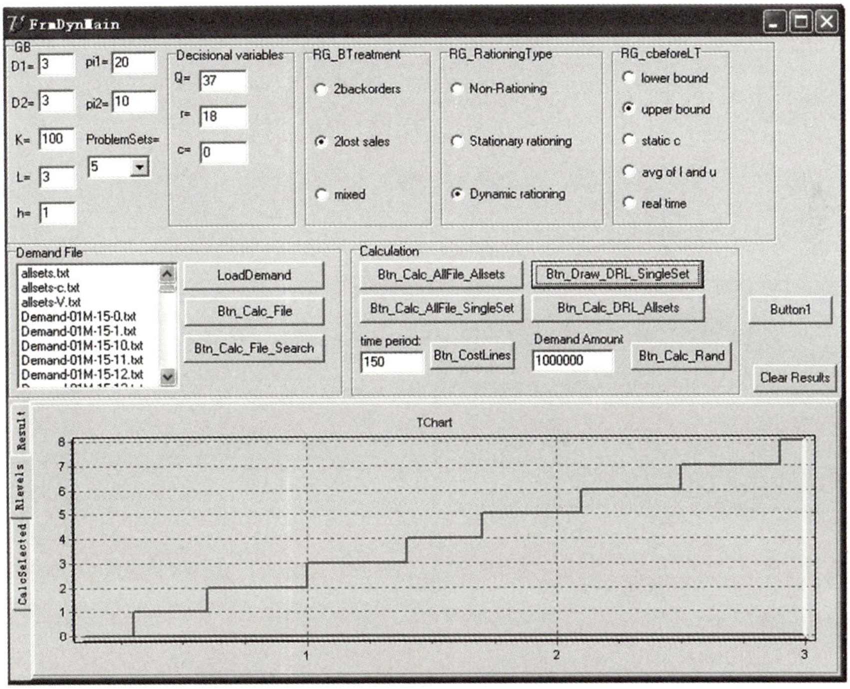

附图-5　第5章动态分配策略程序软件截图

后 记

宁静的周末午后，终于暂时定稿了。仰望天空，八年同济生活，我不禁又一次感触时光飞逝。翻开旧时论文，不断显现的落发见证了过程中的辛苦。多少个日日夜夜的拼搏都化为了点点墨迹。不过这一切都是有价值的，我相信此文对于多需求类型库存分配理论的研究和应用有了那么一点点的推动，也将此文献给爱我的人和我爱的人。

最要感谢的是我的导师霍佳震教授，帮助我从一个不懂事的毛头小孩慢慢成长。从 2006 年入门以来，霍老师给我创造了很多机会，给我提供了各种支持，让我在各方面得到锻炼。学生也总是非常珍惜每一次和老师相处的机会，从老师的一言一行中汲取经验和智慧，以及做人的道理。然而随着时光的推移，学生仍然觉得自己不够成熟，还想有更多的机会来学习。本书也凝结着霍老师的辛勤和智慧，帮助我确立了研究的框架和在研究领域中的定位。我至今难忘那一年霍老师坐在火车站的阶梯上给我修改文章，难忘多少次万家灯火之时霍老师还在奔波的旅途中和我逐字逐句的讨论。勤思勇践、低调大气，学生深有感悟。

感谢瑞典林雪平大学的唐讴教授在我研究上的指导。唐老师严谨的学术风格和精妙的破题思维让我印象深刻。其对学术研究发自内心的兴趣也深深感染了我。同时也非常感谢唐老师在我访瑞期间提供的诸多帮助，让我度过了非常愉快、充实的三个月，感受到了家的温暖。

感谢同门的兄弟姐妹们的帮助，感谢张艳霞、李虎、张建军、戴韬、李琳、赵金实、魏硕果、隋明刚，以及段永瑞、张建同、陈川教授的关心和帮助。

感谢我的爸爸妈妈。他们是一对平凡的工人，在我身上倾注了他们所有的心血和爱，把我培养到今天，却从没有期盼过任何回报。而我总是眼高手低，向他们许诺过许多美好的事情，却从没有实现。这几年，我每天早出晚归，把家里当成了“旅馆”，很少和他们交流。他们却坚持天天给我熬好夜宵，躺在床上直到听到我回家的脚步声才安心入睡。我现在能做的只有尽量独立自主，不去麻烦他们。

最后感谢我的太太张丽华。她是和我一届的经济系博士生。这几年她无微不至地照顾我的衣食冷暖，关心我尤甚于她自己，使我可以始终开足马力全心工作，而她自己还要努力完成她的研究。在这几年里，她陪伴着我，怀揣着微薄的补贴和对未来美好的梦想，过着平淡的日子，在电脑和文章前度过了一个又一个春暖花开的早晨、阳光明媚的下午、宁静安逸的晚上。隔着玻璃窗，看着日出又日落，宝贵的青春光阴在不知不觉中逝去。我只希望我们的付出能够在不远的未来给我们带来些许惊喜。

汪达钦